3週間で
あなたの耳が
劇的に変わる
リスニング力
強化トレーニング

最新版

1万人の
テストデータ
分析で
わかった！

日本人は
英語のここが
聞き取れない

松岡 昇　Noboru Matsuoka

アルク

弱点が分かれば克服できる
克服できれば
リスニングは一気に楽になる！

　この本は**「日本人の英語リスニングの弱点を明らかにし、その弱点を3週間で効率的に克服する」**ための本です。

　「そんなことができるのか？」と懐疑的になる方がいるのも無理はありません。なぜなら、これまでいろいろな発音の本やリスニング強化の教材を試したにもかかわらず、ネイティブスピーカー同士の会話や、英米のドラマ、ニュースを聞き取ることがなかなかできないと悩んでいる人がたくさんいるからです。

　そんなあなたにお聞きしたいことがあります。
　自分がなぜ英語が聞き取れないのかをきちんと確認したことがありますか？

知っているのに聞き取れない？

　こんな実験があります。被験者のレベルに合わせた100語から成る英文を音声で聞いて書き取ってもらいます。音声は、好きな所で止めながら聞いてかまいません。書き取ったら、自分の書き取ったものと英文（正解）を照らし合わせます。そして、A）ミスした（聞き取れなかった、あ

るいは聞き間違えた）語の数を数えます。次に、B）英文の中で自分の知らなかった語の数を数えます。すると、A が 20 語、B が 2 語といった結果が出ることがよくあります。

A）聞き取りのミス：20 語／ 100 語
B）知らなかった語：2 語／ 100 語

　もちろん、この数値は個人や英文によって異なりますが、少なくともこの数値が意味することは**「知っているのに聞き取れない」**です。もし、知っている語すべてを聞き取れたらどうでしょう。100 語中 98 語を聞き取れれば、いやでもその内容ははっきりと理解できるはずです。

ディクテーションで弱点を見える化

　ただ、漫然と英語を聞いているだけでは、いつまでたっても聞き取れるようにはなりません。まず、**自分はなぜ聞き取れないのか、どこでつまずくのかを明らかにする必要があります。**

　そのために極めて効果的な方法が、本書で取り入れている「ディクテーション」です。平たく言えば英語の書き取りです。「なーんだ、そんなことか」と思う人もいるでしょうが、書き取りができないということは聞き取れていないということです。

　ディクテーションをしてみれば、自分はどこが聞き取れていないのか、どこでよくつまずくのかが「見える化」できます。

　そして、聞き取れない原因、**つまり自分のリスニングの弱点が明確に**

なれば、そこを集中的にトレーニングすることで克服が可能になります。

日本人の聞き取りの弱点を分析

　実は、日本人がリスニングで間違えるポイントはだいたい決まっています。そのポイントについては序章で詳しく説明しますが、なぜそう言い切れるのでしょうか。

　アルクの英語通信講座『1000時間ヒアリングマラソン』（2023年一旦閉講）という教材に「ディクテーション・コンテスト」という人気コーナーがありました。毎月出題されるリスニング課題を何百人もの受講生が書き取って応募するコンテストです。

　本書はその応募データ（2021年6月号〜2023年1月号）を分析し、**日本人がよく聞き間違えたり、聞き落としたりする箇所や特徴を明らかにしました**。その分析を基に「間違いランキング」を作り、間違いの原因とその克服の仕方を解説しています。

間違いの原因は複合的なケースがほとんど

　聞き取りのポイントとして音声変化を解説した本がたくさん刊行されていますが、日本人のリスニングの弱点はそれだけではありません。大きくは、**①音声変化（発音）、②語彙力、③文法力、文脈把握力**の3つがあります。

　そして、音声変化だけマスターしても実際には聞き取れません。原因はたいてい上記①〜③が複合的に絡んでいるからです。また、上記の原

因を知るだけでもだめです。知識は大事ですが、知っているだけではやはり聞き取れるようにはなりません。では、どうすればいいのでしょうか。

弱点をアウトプット練習で克服する

　実は、自分で発音できない音は聞き取れません。ということは、**聞き取れるようになるには、発音できるようになる必要がある**のです。そこで、ディクテーションで自分の弱点を明らかにしたら、その弱点をアウトプット練習で克服しましょう。

　効果的なアウトプット練習として、本書では、「オーバーラッピング」と「シャドーイング」を採用しています。その効果や練習の仕方は、p.36 をご覧ください。

　上記のトレーニングは、単語やフレーズの発音だけではなく、文および文脈のなかで意味を理解しながら行います。音声を用いて行うので、英語の語順通りに文脈に沿って練習することができます。そうすることで、**発音だけでなく、文法力や文脈把握力も鍛えることができる**のです。

　ぜひ本書を使って、聞き流すだけのリスニング練習を卒業し、本物のリスニング力を手に入れてください。

松岡 昇（獨協大学講師）

CONTENTS

序章 日本人はどこで間違えるのか？

WEEK 1

WEEK 2

WEEK 3

本書は序章と本編（Unit 1 〜 15）から構成されています。

各ユニットは、①**課題英文の書き取り**、②**間違い箇所の確認と原因究明**、③**弱点克服のためのトレーニングの３つのパート**から成り立っています。

序章

日本人の典型的なリスニングの間違いポイントを明らかにし、各ユニットで自分の聞き取りの弱点を見つけるために行うディクテーションの効果と実践方法を説明します。

本編 Unit1〜15

本編は 15 ユニットの学習を 3 週間で実践する構成です。

① 課題英文の書き取り（ディクテーション）

課題英文を書き取ります。書き取れなかった箇所が聞き取れなかったところ。ご自身のリスニングの弱点をここであぶりだします。

聞き取る英文のテーマと簡単な説明。

聞き取りに自信のある人は、この語注を見ずにディクテーションに挑戦してみてください。

英文を書き取るスペースですが、何度でも挑戦できるように、別途、ノートなどを用意することをお勧めします。

②答え合わせと間違いポイントの確認

　書き取りの答え合わせを行い、リスニングの弱点を確認しましょう。過去のテストデータで間違いが多かったポイント（1位〜7位）も併せてチェックします。自分のミスと比較してみましょう。

課題英文と訳。

書き取れなかった箇所があなたの弱点です。

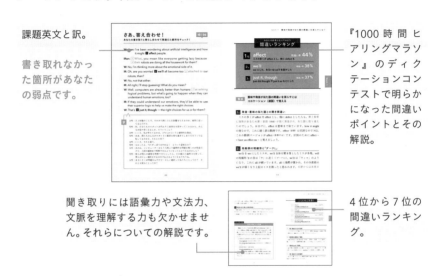

『1000時間ヒアリングマラソン』のディクテーションコンテストで明らかになった間違いポイントとその解説。

聞き取りには語彙力や文法力、文脈を理解する力も欠かせません。それらについての解説です。

4位から7位の間違いランキング。

③アウトプット練習で弱点を克服

明らかになった弱点をアウトプット練習で克服します。自分で発音できない音は聞き取れません。声を出して練習してください。

オーバーラッピングやシャドーイングで声出し練習をしましょう。

間違いランキングを中心に発音のアドバイスを用意しました。

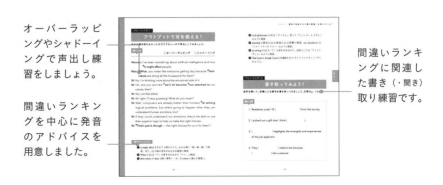

間違いランキングに関連した書き（・聞き）取り練習です。

本書の学習用の音声を、以下の方法で無料提供しています。

 スマートフォンの場合

 英語学習booco【無料】

　アルクが無料提供しているアプリです。リピート再生や数秒の巻き戻し・早送り、読み上げスピード調整、学習記録、目標設定などが可能です。また、電子版の購入もできます。

【手順】

①英語学習boocoをダウンロード

　スマートフォンに、英語学習 booco をダウンロード。

※ App Store、Google Play から「booco」で検索。

 QRコードを読み取って
boocoをインストール

②本書を探す

　ホーム画面下の「さがす」ページで、**商品コード** 7024023 で検索。

③本書の音声をダウンロード

 パソコンの場合

以下のサイトにアクセスし、**商品コード** 7024023 で検索してください。

■ アルクのダウンロードセンター

https://portal-dlc.alc.co.jp/

日本人は
どこで
間違えるのか？

聞き取れるようになるためには、なぜ聞き取れないのかという原因をはっきりさせる必要があります。理由が明確になれば解決策を講じることができるからです。ここでは、日本人の典型的なつまずきポイントを見ていきましょう。

- あなたは聞き取れる？
- よくある間違いポイント
- 間違いポイントのまとめ
- 気を付けたい音声変化６選
- ディクテーションの効果と手順

あなたは聞き取れる？

以下の英文の書き取りに220名がチャレンジしました。ミスが多かった箇所を空欄にしています。まずは、あなたが聞き取れるかどうかを試してみましょう。答えは次ページから。間違いの原因も解説します。

聞き取る英文のテーマ

あなただけの理由

あなたは今、ある教育プログラムに参加しています。そのラジオ番組の冒頭部分で、今日のプログラムの趣旨が紹介されます。

空欄を聞き取ってみましょう。空欄に入るのは1語とは限りません。一気に聞いても3つに分けて聞いてもかまいません。

書き取り用のノートを用意して取り組むことをお勧めします。

Part 1

 01

Good morning, everyone! Welcome to English (❶). Today, we will talk about (❷) of studying English.

You already know (❸) English is the most widely spoken language in the world and, yes, speaking it will help you (❹) your horizons.

Part 2

🔊 02

Of course, gaining (5) working knowledge of English can help you get a better job, but (6) your reasons for learning it?

Forget your boss, your teachers, your peers, society . . . Thinking about your own unique goals (7) keep you motivated.

Part 3

🔊 03

Perhaps you want to connect with people (8) countries who share your (9) . You — yes, you — can impart your own special experiences (10) knowledge to help to make the world (11) place!

答えは次ページから➡

よくある間違いポイント

空欄部分の答え合わせをしてみましょう。どんな間違いが多かったか、その間違い率と原因は何なのかを解説しています。

Part 1

Good morning, everyone! Welcome to English ❶ 201. Today, we will talk about ❷ the benefits of studying English.

You already know ❸ that English is the most widely spoken language in the world and, yes, speaking it will help you ❹ broaden your horizons.

> 訳　皆さん、おはようございます！「English 201」へようこそ。今日は、英語を勉強することのメリットについてお話ししましょう。
> 　英語は世界で最も広く話されている言語であり、英語を話すことで視野が広がることは既にご存じでしょう。
>
> 語注
> broaden 広げる　※broaden one's horizons で「視野を広げる」

間違いの原因をチェック！

❶ 201 (two-oh-one)　数字　　　　　　　間違い率：21%

数字の聞き取りは日本人の苦手なポイントの一つ。tour one とした
ミスが多発しました。「0」を zero と言わずに oh と発音している
のがミスを誘ったのでしょう。文脈を考えれば、講座名の番号や教
室番号などが推測できたかもしれません (p. 18「キホン知識」参照)。

❷ the benefits　弱く発音される冠詞　　　間違い率：21%

冠詞（a/an、the）の聞き間違いは日本人が犯す最も代表的なミス！
通常、冠詞は弱く発音されます。おまけに、日本語には英語の冠詞
に相当するものがないのも原因。ミスのほとんどは the benefits を a
benefit としたもの。

❸ that　弱く発音される接続詞　　　　　間違い率：22%

接続詞 that も通常、弱く発音されます。ミスのほとんどは that を
the にしたものでした。You already know の後は、English is（主
語＋動詞）という構造。従って接続詞の that と判断できます。the
English とすると「(特定の) 英語」、または「イギリス人 (複数)」
の意味になってしまいます。

❹ broaden　なじみのない語彙　　　　　間違い率：19%

知らない単語、あるいは、知っていてもなじみが薄い単語は聞き
取りが極めて困難。broaden your を broad new や brought new など
にしたミスがありました。ここでは直後の your horizons がヒント。
broaden one's horizons で「視野を広げる」。

Of course, gaining ❺ a working knowledge of English can help you get a better job, but ❻ what are your reasons for learning it?

Forget your boss, your teachers, your peers, society . . . Thinking about your own unique goals ❼ will keep you motivated.

訳

　もちろん、実務に役立つ英語力を得ることは、より良い仕事に就くことに役立ちますが、英語を学ぶ理由は何でしょうか？

　上司、先生、仲間、社会のことは忘れてください……自分だけの目標を考えることが、モチベーションの維持につながります。

語注

working knowledge 実用的な知識　※working knowledge of English で「実務に役立つ英語力」

❺ a　弱く発音される不定冠詞　　　　間違い率：17%

❷と同様、冠詞はほとんどの場合弱く発音されるため、耳だけでの判断が難しいです。ここでは a を抜かしたミスが多くありました。knowledge は通常、不可算名詞として扱われますが、of などを伴って「具体的な知識」を言うときには可算名詞扱いになります。

❻ what are　音声変化「連結」　　　　間違い率：32%

what are が連結（p. 22 参照）して「ワタ」のように音が変化して聞こえます。このため、what are を what だけや what is などにしたミスが多くありました。reasons の語末に複数形の s が聞き取れるので、文法上 are が必要とわかります。

❼ will　弱く発音される助動詞＋「ダークL」　間違い率：36%

助動詞も通常弱く発音されます。特に will は [w] が不明瞭な半母音、語末の [l] は「ゥ」のような「ダーク L」（p. 24 参照）のため、耳だけの判断が困難です。ミスの大半が will を for にしたもの。文法と文脈で考えて、動詞 keep の直前は助動詞、音から will だと判断したいところです。

Perhaps you want to connect with people ❽ in other countries who share your ❾ interests. You — yes, you — can impart your own special experiences ❿ and knowledge to help to make the ⓫ world a better place!

訳　もしかしたら、同じ興味を持つ海外の人たちとつながりたいのかもしれません。あなた自身の特別な経験や知識を、世界をより良くするために役立てることができるのです！

キホン知識：文脈編

講座名の English 201

　聞き取りでは時に、文法や語法、文脈（状況、背景など）の知識が重要な鍵になることがあります。ここでは、❶の English 201（two-oh-one）に多くのミスがありました。以下の知識（文脈）でミスを回避しましょう。「201」は大学の講義名を示す表記法で、最初の数字は対象学年を表します。これが市民講座などのレベル表示に応用され、学年の代わりに1＝基礎、2＝中級、3＝上級のように使われます。従って、English 201は「英語講座中級1」を表しています。

18

間違いの原因をチェック！

❽ in other
弱く発音される前置詞＋「連結」　　　間違い率：33%

前置詞も通常、弱く発音されます。ここでは更に、in other が連結して「イナザー」のように音が変化して聞こえます。ミスの大半は in other を another としたもの。another は「別の（１つ）」なので、後続の countries（複数）と矛盾します。

❾ interests　単複　　　間違い率：28%

「単数・複数」の区別は日本人が犯す No. 2 のミス！　冠詞と同様に、日本語にはない習慣なので間違いやすいのです。ここでは、interest の最後にかすかに [ts] の音が聞こえます。ミスのほとんどが s を聞き落として interest としたもの。

❿ and　弱く発音される接続詞　　　間違い率：21%

and は強く発音すれば [ænd] ですが、通常は弱く発音し、[(ə)nd] あるいは [(ə)n] のような音になります。ここでは [(ə)n] 程度の発音で、and 全体を聞き落とした、あるいは in にしたミスが。

⓫ world a
弱く発音される冠詞＋「連結」　　　間違い率：42%

上記❷と同様の問題。半数以上の人が a を the にしました。world と a が連結して「ワールダ」のように聞こえます。place は可算名詞で、文脈から「特定」性はありません。従って、冠詞は the ではなく a です。

間違いポイントのまとめ

聞き取りにおいて日本人が犯しやすいミスは、
「知らない語彙」を除けば、以下のようにまとめることができます。

❶冠詞（a/an、the）

通常、弱く発音されることに加えて、日本語にはない「習慣」であるため、
聞き落としや聞き間違いが頻繁に起こります。

例：Let's work together to make **the** world **a** better place.

❷前置詞（in、at、on、of、into、for、to、with など）

通常、弱く発音されることに加えて、前置詞の意味が日本人にとって捉えに
くいこともあり、大きな弱点になっています。

例：**At** the top **of** the hill, there is a small house **with** a red roof.

❸短縮形（be動詞、助動詞）

短縮形にもミスが多く見られます。会話などでは、be動詞の短縮形、完了の
have、has、had の短縮形、will や would、should の短縮形や、not の短縮形
が使われるので要注意。

例：I said I**'d** meet you at 6:00, but I won**'t** be in time. Sorry.

❹単数・複数 / 可算・不可算名詞

上記❶の冠詞と同様に、日本語にない「習慣」なので、ミスが起こりやすい
です。

例：I like apple**s**. I love to eat health food.

❺接続詞（and、that、as など）

接続詞の中でもミスが多いのが and。強く [ænd] のように発音されることは稀で、通常は弱く [(ə)nd]、[(ə)n] のようになるため、聞き逃しが多くなります。

例：You know **that** I appreciate your help **and** support during the difficult times.

❻音の変化によるもの（連結、同化、脱落、ダークL など）

日本語でもあることですが、単語が連続して発音されれば当然、前後の関係で音に変化が起こります。この変化のために聞き取れない・聞き間違えることがしばしば起こります（詳細は次ページ参照）。

例：**I'll help you with** the project until you **finish it**.
ダークL 同化 脱落 連結 脱落

❼カタカナ語（外来語、地名 など）

カタカナで親しんでいる語が、英語ではだいぶ違って発音されているケースは少なくないでしょう。「ギリシャ」が Greece、「アテネ」が Athens のように。

例：I'm planning to visit **Athens**, **Greece**, on vacation.

気を付けたい音声変化6選

リスニングの壁となりうる音声変化の代表例を確認しておきましょう。

❶ 強い内容語と弱い機能語

　英語では、名詞や動詞、形容詞などの具体的な意味のある「内容語」が強く発音されます。一方、be動詞や冠詞、前置詞、人称代名詞などの「機能語」は多くの場合、弱く発音されます。この強弱によって英語のリズムが生まれます。

　気を付けるべきは、機能語です。弱く、短く読まれるので、他の単語と区別がつかなくなることがあります。例えば、不定冠詞 an、前置詞 in、on、接続詞 and は、いずれも [ən] に近い音で発音されることがあります。従って、聞こえてきた [ən] のような音がどの単語なのかは、前後の単語や文法から推測するしかありません。

　また、代名詞の her や him は弱くなると最初の [h] の音がほぼ消え、それぞれ「アー」「イム」としか聞こえないことがあります。

例　**Go and pick her up.**

　　　ゥンピッカー

❷ 連結

　子音で終わる単語の後に母音で始まる単語が続くと、音がつながる音声変化です。

　例えば、live in America の場合、live の語末の子音と in の語頭の母音がつながり「リヴィン」のように、in の子音と America の母音がつながり「イナメリカ」のように変化します。全体で「リヴィナメリカ」の

ように聞こえます。連結は頻繁に起こるので、英語の音はつながるものだという認識で聞いてください。

例 **They live in America.**
リヴィナメリカ

I have a black cat and it's very cute.
ハヴァ　　　　　　アンディッツ

❸同化

隣り合う2つの音のどちらかがもう一方の音に影響を受けて、同じ音になったり、似た音になったり、あるいは混じり合った音になる音声変化です。

例えば、Did you sleep well? というときの Did の最後の [d] が you の [j] に吸い寄せられるような形で交じり合い「ヂュ」のような音に変化します。中でも、did you「ディヂュ」や could you「クジュ」などの典型的な同化に慣れておくことが肝心です。

例 **Did you bring the documents?**
ディヂュ

Have you got your ticket for the concert?
ガッチュア

❹脱落

　似たような音が隣り合ったときに、一方が他方を吸収して、片方（吸収された方）が聞こえなくなる、あるいは、語末で音がごく弱くなるか聞こえなくなる音声変化です。

　例えば、Take care. の Take の [k] が care の [k] に吸収されて「テイ（ッ）ケア」のように聞こえます。[p]、[b]、[t]、[d]、[k]、[g] の音でよく発生する現象です。実は聞こえていない音が隠れているという可能性を考えながら、文脈から適切な単語を推測するようにしましょう。

例 **Did you have a good time?**
　　　　グ（ッ）タイム

I don't know why.
ドン（ッ）ノウ

❺ダークL

　will や milk のように、[l] が語末か子音の前にくると、「ウ」に似た暗く鈍い音になります。これを「ダークL」と言い、母音の前にある English や like のようなはっきりした [l] の音とは違って聞こえるので注意が必要です。

例 **I will go to the store to buy some milk.**
　　ウィゥ　　　　　　　　　　　　ミゥク

People will enjoy the beautiful sunset at the beach.
ピープゥ　ウイゥ　　　　ビューティフォウ

❻米音の [t]

　アメリカ英語では、[t] の音が「ラ行」の音のように変化したり、[n] のような音に変化したりすることがあります。

　want to は並んだ [t] の 1 つが脱落した上、残った [t] が [n] のように変化するので「ワナ」のように聞こえるのです。

例　**wa_ter**　ワーラー

　　be_tter　ベラー

　　twe_nty　トゥエニィ

　　ge_t up　ゲラップ

　　I want to go there.
　　　　wanna　ワナ

　　I'm going to watch Netflix.
　　　　gonna　ガナ

　　I've got to go now.
　　　　gotta　ガラ

ディクテーションの効果と手順

ディクテーションって何？

　ディクテーションとは、「英語の音声を聞き取って、英文を見ずに書き取ること」です。英語音声と紙とペンさえあればすぐに始められるリスニング学習法です。

　ディクテーションをすると、自分のリスニングの弱点が明確になります。「聞き取れない」ものは「書き取れない」ので、自分がどこまで聞き取れているかが分かるのです。

　ディクテーションでは、単に音を聞き取る力だけでなく、「語彙力」「文法力」そして「文脈から判断する力＝文脈力」も試されます。「文脈力」とは、うまく聞き取れなかった部分、判断が難しい部分を文脈から推測する力を指します。

ディクテーションの効果とは？

1 リスニングの弱点が明確になる

　書き取れなかった部分が、あなたのリスニングの弱点です。なんとなく聞いているだけでは分からない弱点が赤裸々になり、正確な聞き取り能力を養うことが可能です。

2 語彙力・表現力が強化される

　単語帳をパラパラめくっているだけでは覚えられなかった語彙や表現が、文脈の中で発音とともに身に付きます。

3 文法力と文脈力が身に付く

　語順通りに聞き取ることで文法や文構造を捉える力が増し、うまく聞き取れなかった部分を文脈から補う力も培われます。

ディクテーションの手順

書き取り

1. 音声を通して聞いて大意を理解する。
2. 音声を止めたり戻したりしながら書き取る。聞き取れない部分は、文脈や文法から推測したり、カタカナで書いておいたりする。
3. 繰り返し聞いて、納得がいくまで書き取り終えたら、もう一度全体を通して聞いて、自分の書き取りと比較する。

答え合わせ

4. 英文と照らし合わせて、間違えた部分を確認する。間違えた部分を自分の弱点と認識する。
5. 弱点部分を含む文を中心に、オーバーラッピングやシャドーイングで声に出して発音できるようにする (p. 36 参照)。

では、やってみましょう！

🔊 01

Good morning,

You already

※正解の英文は p. 14

Unit 1

意味や発音が
似た語の間違いを
減らすには？

書き取る英文のテーマ

AIが与える影響は？

　AI の発展のスピードは著しく、「AI が人間の仕事を奪う」とか「AI に支配されるのでは？」といった議論が何度も繰り返されています。一方で、「人の感情は理解できない」と主張する人は多いのですが、果たして将来的にはどうなのでしょうか。

自信がある人は
ここを見ないで挑戦！

ヒント＆語注

■ artificial intelligence ……… 人工知能 ※ = AI

■ affect ……………………………… 〜に（良くない）影響を与える

■ housework …………………… 家事

■ emotional …………………… 感情的な、感情の　※ emotion は「感情」

■ become attached to ~ …… 〜に愛着を持つ、〜に情が移る

■ be good at ~ ………………… 〜が得意である ※ここでは比較級で使われている

■ logical ………………………… 論理的な　※ logic は「論理」

■ superior ……………………… 優れた、秀でた

■ That's it. ……………………… そこが問題なんだ。

■ though ………………………… だけど、でも　※文末や文中で、情報を追加するときに使われる副詞

30

音声を聞いて、書き取ってみてください。手順はp. 27

 06

How Might AI Affect Humans?

Woman: I've

M: All right,

Woman: I've been wondering about artificial intelligence and how it might **1 affect** people.

Man: ⑤ What, you mean like everyone getting lazy because ④ their robots are doing all the housework for them?

W: No, I'm thinking more about the emotional side of it.

M: Oh, are you worried **2 we'll** all become too ⑥ attached to our robots, then?

W: No, not that either.

M: All right, I'll stop guessing! What do you mean?

W: Well, computers are already better than humans ⑦ at solving logical problems, but what's going to happen when they can understand human emotions, too?

M: If they could understand our emotions, they'd be able to use their superior logic to help us make the right choices.

W: That's **3 just it, though** — the right choices for us or for them?

訳

女性：人工知能のことで、それが人間にどんな影響を与えるのか、疑問に思ってるんだけど。

男性：何、自分たちのロボットが代わりに家事を全部やってくれるから、みんなが怠け者になるとか、そういうこと？

女性：いいえ、私が考えてるのは、どちらかというと感情的な側面。

男性：ああ、僕たちみんながロボットに愛着を持ち過ぎてしまうだろうって心配してるのかな、それじゃあ？

女性：いいえ、それも違う。

男性：分かったよ、当てずっぽうはやめる！　どういう意味なの？

女性：あのね、コンピューターはもう人間より論理的な問題を解くのが得意だけど、人間の感情まで理解できるようになったらどうなるのかしら？

男性：彼らが僕らの感情を理解できたとしたら、その優れた論理力を使って、僕らが正しい選択をするのを手伝えるようになるだろうね。

女性：まさにそこが問題なんだけど―正しい選択って私たちにとっての？　それとも彼らにとっての？

あなたの結果と比べてみよう

間違いランキング

1位　affect　　　間違い率 **44%**

ミスの多くが effect とし、他に defect も

2位　we'll　　　間違い率 **38%**

we にした、あるいは we'll を抜かした

3位　just it, though　　　間違い率 **37%**

just did thought や just it so などにした

解説　意味や発音が似た語の間違いを減らすには
　　　　コロケーション（連語）で覚える

1位　発音・意味の似た語との聞き間違い

　ミスの多くが affect を effect とし、他に defect とした人も。第 2 音節に強勢があるため第 1 音節（語頭）が弱く発音され、似た語に取り違えたのでしょう。おまけに、effect は意味まで似ています。how it might の後なので、これに続く語は動詞です。effect（影響）は名詞なので NG。これの動詞バージョンが affect（影響する）です。区別のために affect ~ = have an effect on ~ と覚えましょう。

2位　助動詞の短縮形と「ダークL」

　we'll を we にしたミスや、we'll 全体を聞き落としたミスが多発。will の短縮形 'll の音は「ウ」に近く（「ダークL」）、we'll は「ウィゥ」のようになり、これに all が続いています。all に強勢が置かれ、その分直前の we'll が弱くなり上記のミスを誘ったと思われます。文脈からは未来の

33

will が自然。all は主語 we の同格で「私たちみんなが」を意味しますが、その位置に注意が必要です（「キホン知識」参照）。

3位 発音の似た語との聞き間違い

That's just it.（まさにそこです。そこなんだよね）という決まり文句を知らず、別の当てはまりそうな単語にした間違いが多く見られました。しかも、~, though（～なんだけどね）を似た音の so と取り違えるミスも。

キホン知識：語彙

主語の同格、allの位置

　間違いランキング2位を含む箇所 we'll all become の all について。主語 we に同格の all を加えて「私たちみんなが」と表現しています。たいてい、同格は直後に置きますが、この all の位置は以下のようになります。例文を口になじませて覚えましょう。

　be 動詞または助動詞がある場合：be 動詞、助動詞の直後

　　We are all tired.（私たちはみな疲れています）

　　We will all retire from the race.（私たちはみなレースを棄権するでしょう）

　一般動詞の場合：主語の直後

　　We all completed the race.（私たちはみな完走しました）

このルールは否定の副詞（not）や頻度の副詞（sometimes、often、seldom、never など）とも同じですので、一緒に覚えると忘れないでしょう。

ここにもご注意！

4位 **their**
ミスのほとんどが the にした
間違い率 **33%**

5位 **What**
ミスのほとんどが Why にした
間違い率 **32%**

6位 **attached to**
attached の ed や to を抜かした
間違い率 **24%**

7位 **at solving**
that solving や that solve とした
間違い率 **22%**

4位　弱く発音される代名詞

　ミスのほとんどが the にしていました。前後の because と robots が強く発音され、their がはっきり聞こえなかったのでしょう。

5位　疑問詞の語尾の「脱落」

　what [hwʌ́t] と why [hwái] の区別は、語尾が「脱落」すると意外に難しいものです。文脈的判断も難しいので Why にしても仕方ないです。

6位　過去形edの「脱落」

　ed で終わる過去形に to が続くと、ed がほとんど発音されず、少し間が空いて to が発音されます。attach to だと文法的にも文意的にも変。

7位　弱く発音される前置詞

　at がよく聞こえないので、関係代名詞の that と取り違えたようですが、that だと文意がおかしくなります。

アウトプット練習の仕方

アウトプット練習の効果と実践方法を確認しましょう。

オーバーラッピングの効果

聞こえてくる音声にかぶせるように同時に発話します。音声変化やイントネーションも含めて、音声と同じように発音します。そうすることで、発音のみならず、英語独特のリズムやイントネーションまで上達します。

オーバーラッピングの手順

1 英文に目を通し、必要なら訳を参照して意味が分からない箇所をなくす
2 音声を再生し、英文を見ながら、音声にかぶせるように同時に発話する
3 発音アドバイスを参考にし、うまくできたと納得いくまで繰り返す
※ 全文がつらい人は自分が聞き取れなかった部分だけでも OK

シャドーイングの効果

聞こえてくる音声を聞き取り、それを少し遅れて再生（発音）することで、リスニング力とスピーキング力を同時に鍛えることができます。

シャドーイングの手順

1 英文に目を通し、必要なら訳を参照して意味が分からない箇所をなくす
2 音声を再生し、英文を見ながら、音声から少し遅れて発話する
3 英文の意味を考えながら音声を聞いて声に出す
4 英文を見ないで言えるようになるまで練習する

実践サンプルを聞いてみる

🔊 **07** ▶ オーバーラッピング

🔊 **08** ▶ シャドーイング

では、やってみましょう！　ＡＢＣ

🔊 **01**

Good morning, everyone! Welcome to English 201. Today, we will talk about the benefits of studying English.

You already know that English is the most widely spoken language in the world and, yes, speaking it will help you broaden your horizons.

訳　皆さん、おはようございます！「English 201」へようこそ。今日は、英語を勉強することのメリットについてお話ししましょう。

英語は世界で最も広く話されている言語であり、英語を話すことで視野が広がることは既にご存じでしょう。

アウトプットで耳を鍛える！

自分が聞き取れなかった文だけでもいいので声出ししてみましょう。

🔊 06 　　　　　　　　　□オーバーラッピング　　□シャドーイング

Woman: I've been wondering about artificial intelligence and how ❶**it might affect** people.

Man: ❷**What**, you mean like everyone getting lazy because ❸**their robots** are doing all the housework for them?

W: No, I'm thinking more about the emotional side of it.

M: Oh, are you worried ❹**we'll all become** ❺**too attached to** our robots, then?

W: No, not that either.

M: All right, I'll stop guessing! What do you mean?

W: Well, computers are already better than humans ❻**at solving** logical problems, but what's going to happen when they can understand human emotions, too?

M: If they could understand our emotions, they'd be able to use their superior logic to help us make the right choices.

W: ❼**That's just it, though** — the right choices for us or for them?

　　　発音アドバイス

❶ it might affect をまるで 1 語のように。it から順に「弱・弱・強」で発音。また、[t] は前の音をせき止める程度に発音。

❷ What の [t] は「ア」の音をせき止めて「ワッ」と発音。

❸ their robots の their は弱く素早く「ゼ」を robots に添える程度に。

38

❹ we'll all become の [l] は「ダーク L」。従って「ウィゥ オーゥ ビカム」のように発音。

❺ attached の語末の [t] が直後の to の影響で脱落。too attached to は「トゥー ァタッチ トゥー」のように発音。

❻ at solving の [t] は「ア」の音をせき止めて、全体としては「アッソゥ ヴィン」のように発音。

❼ That's just it, though は just it を連結させて「ザッツ ジャスティッ ゾゥ」のように。

```
トレーニング II
```

書き取ってみよう！

音声を聞いて、空欄に入る語句を書き取ってみましょう。正解はp. 156

🔊 09

1. Residents under 18 (　　　　　　　　) from the survey.

2. I picked out a gift that I think (　　　　　).

3. (　　　　　　) highlights the strengths and experiences of the job applicant.

4. They (　　　　　) redecorate because (　　　　　) felt outdated.

Unit 2

地名などの固有名詞は
カタカナ発音に
だまされない!

書き取る英文のテーマ

探し物はどこ?

　海外旅行に久しく行っていないと、パスポートをどこにしまったか忘れてしまうのも無理はありません。見つかってみればたいてい「なーんだ」という場所にあるものですが……。

自信がある人は
ここを見ないで挑戦!

ヒント&語注

■ suppose ……………… 推定する、思う

■ pandemic ……………… パンデミック、病気の世界的流行

■ apart from ~ ……………… 〜を除いて、〜は別として、〜以外は

■ unused ……………… 未使用の

■ I know! ……………… そうだ!、そうそう! ※考えを思い付いた際に言う

■ have a look ……………… ちょっと見てみる

■ I bet ~ ……………… きっと〜だろう

音声を聞いて、書き取ってみてください。手順はp. 27

 10

Where Could It Be?

Man: I

Woman: No.

M: Yeah, but

Week 1

Man: I don't suppose **2 you've seen** my passport, have you?

Woman: No. Don't you always keep it in the same place?

M: I thought so, but it's not there.

W: When did you last use it?

M: The last time we traveled, which was to **1 Ireland** before the pandemic — over two years ago.

W: Have you tried looking in your suitcase?

M: Yeah, but that was 7 empty apart from 5 an unused calendar for 2020 that 4 I'd forgotten to take out.

W: Oh, that's disappointing ... I know! What were you wearing when we came back from Ireland?

M: It 5 would've **2 been** my winter coat.

W: Have a look in the pockets. I bet it's there!

M: Good idea. Now, where did I put my coat ...?

訳

男性：たぶん僕のパスポートは見かけてないよね？
女性：見てないわ。いつも同じ場所に保管してないの？
男性：そう思ってたんだけど、そこにないんだよ。
女性：最後に使ったのはいつ？
男性：最後に旅行したときだよ、つまりパンデミック前のアイルランド旅行—2年以上前の。
女性：スーツケースの中はもう見てみた？
男性：うん、でもそこには、取り出すのを忘れていた未使用の2020年のカレンダー以外、何も入っていなかったんだ。
女性：あら、それは残念。……分かった！　アイルランドから帰ってきたとき、何を着てた？
男性：それは、冬物のコートだったろうね。
女性：そのポケットを見てみたら。きっとそこにあるのよ！
男性：いい思い付きだ。さて、コートはどこにしまったかな……？

あなたの結果と比べてみよう
間違いランキング

1位 Ireland　　　　　　　　　　　間違い率 **44%**
ミスの多くが island とした

2位 you've seen　　　　　　　　　間違い率 **43%**
ミスの全てが you see とした

3位 been　　　　　　　　　　　　間違い率 **43%**
be や be in にした

Week 1

解説　日本語のカタカナ発音に引きずられないよう
地名などの固有名詞の知識を蓄える

1位　カタカナと発音が異なる固有名詞

　ミスの多くが Ireland を island としたもの。前者が [áiə(r)lənd]、後者が [áilənd] です。「アイ」と「ランド」の間に何もないのが island（島）で、微妙に「ァ」が入るのが Ireland（アイルランド）。もう一つの識別法は、Ireland は固有名詞なので無冠詞、island は可算の普通名詞なので冠詞（an/the）が付きます。ここでは無冠詞なので固有名詞の Ireland と判断できます。

2位　助動詞の短縮形：現在完了の have

　ミスの全てが、現在完了形の you've seen を現在形の you see にしたもの。you've の 've はよく聞こえず、さらに seen は語末の n と直後の my の m が混じり合って（同化）、n が聞き取りづらくなっています。このため you see と聞こえたのでしょう。ただ、この文の最後が , have you?

43

と現在完了の付加疑問になっています。このことから現在形ではなく現在完了だと判断できます。

2位 be動詞の聞き間違い

been を be や be in にした人が多かったのですが、これは間違いランキング5位の would've と関連したミス。would've を would と聞き取った人は would の後だから be動詞は原形の be だと考えたのでしょう。ここでは、文脈から仮定法過去完了、つまり「would + have +過去分詞」です。したがって be動詞を been とするのが正解（「キホン知識」参照）。

キホン知識：文法

仮定法過去完了「あのときの仮定」

　間違いランキング2位と5位が仮定法過去完了（助動詞の過去 + have +過去分詞）を使った表現でした。仮定法過去が「仮に今」の仮定を表すのに対して、仮定法過去完了は「仮にあのとき」の仮定を表現します。例文で確認しましょう。

　・仮定法過去：If I knew it, I would tell you.
　　（仮にそれを知っていたら、私はあなたに話しますよ）
　・仮定法過去完了：If I had known it, I would have told you.
　　（仮にあのときそれを知っていたら、私はあなたに話したでしょう）

　課題文中の It would've been my winter coat. の文に If 節はありませんが、文脈から If 節を補って解釈すれば「あのとき（帰りに）着ていたとすれば、それは冬物のコートだっただろう」となります。

ここにもご注意！

| 4位 | **I'd**　ミスの3分の2がI'veとした | 間違い率 **39%** |

| 5位 | **an unused**　anを抜かした、またはanをtheにした | 間違い率 **24%** |

| 6位 | **would've**　ミスのほとんどがwouldにした | 間違い率 **24%** |

| 7位 | **empty apart**　empty there、emptier apart、empty here apart など | 間違い率 **17%** |

4位 助動詞の短縮形（過去完了）

「取り出すのを忘れていた」のは「スーツケースの中を調べた」（過去）そのときまでのこと。従って過去完了。

5位 冠詞の聞き落としと「連結」

from an unused が「フラマナニューズド」とつながって聞こえるので、an の存在に気付かなかったのでしょう。

5位 would have の短縮形（仮定法過去完了）

仮定法過去完了の would have の短縮形 would've を would にしたミス。間違いランキング2位と関連しています（「キホン知識」参照）。

7位 「連結」

empty の語末の「イ」から直後にある apart の語頭の「ア」に移る際に聞こえた「イア」のような音がミスを招いたと思われます。

アウトプットで耳を鍛える！

自分が聞き取れなかった文だけでもいいので声出ししてみましょう。

🔊 10

□オーバーラッピング　□シャドーイング

Man: I don't suppose **❶you've seen** my passport, have you?

Woman: No. Don't you always **❷keep it in the same place**?

M: I thought so, but it's not there.

W: When did you last use it?

M: The last time we traveled, which was to **❸Ireland** before the pandemic — over two years ago.

W: Have you tried looking in your suitcase?

M: Yeah, but that was empty apart **❹from an unused calendar** for 2020 **❺that I'd forgotten** to take out.

W: Oh, that's disappointing ... I know! What were you wearing when we came back from Ireland?

M: It **❻would've been** my winter coat.

W: Have a look in the pockets. **❼I bet it's there**!

M: Good idea. Now, where did I put my coat ...?

発音アドバイス

❶ you've seen の [v] は「ユー」の音をせき止めて、「ユー（ヴ）スィーン」と発音。

❷ keep it in を連結して「キーピリン」、これに the same place を続ける。

❸ Ireland [áɪə(r)lənd] は「アイル」ではなく「アイァランド」。

❹ from an unused を連結して「フラマナニューズド」、これに calendar を続ける。

❺ that I'd を連結して「ザライ（ド）」、これに forgotten を続ける。

❻ would've been は「ウッドゥヴビン」と一気に言う。

❼ I bet it's there の bet it's を連結して、「アイベリッツゼァ」のように。

トレーニング II

書き取ってみよう！

音声を聞いて、空欄に入る語句を書き取ってみましょう。正解はp. 156

Week 1

🔊 **11**

1. He received (　　　　　　　　　　) invitation to the party.

2. He (　　　　　　　　　　) challenges but managed to overcome them successfully.

3. She (　　　　　　　　) solution to the problem without much difficulty.

4. He found (　　　　　　) star (　　　　　　) it after his daughter.

5. The sad movie left the audience (　　　　　　) of tears and empathy.

Unit

3

冠詞の聞き取りは
文法や文脈の助けを
借りる

書き取る英文のテーマ

公園でライブ配信？

　YouTuber やインスタグラマーでなくても、自分の活動を動画で配信する人が増えました。今回の会話に登場する男性は、友人の女性が公園で何かをしているのに気付き、後で話し掛けます。

自信がある人は
ここを見ないで挑戦！

ヒント＆語注

- should've ………………… ※ = should have
- disturb ………………… 〜の邪魔をする
- meditate ………………… 瞑想する
- cross ………………… 中間のもの、折衷　※ cross between A and B で「A と B が混ざったもの」
- bother ………………… 〜を悩ませる
- mosquito coil ………………… 蚊取り線香
- let ~ down ………………… 〜をがっかりさせる
- patron ………………… 常連客、視聴者会員
- film ………………… 〜（映画・動画）を撮影する
- livestream ………………… 〜をライブ配信する

書き取ってみよう！

音声を聞いて、書き取ってみてください。手順は p. 27

🔊 12

Livestreaming in the Park?

Man: Hey,

Woman: Oh,

W: Mm,

さあ、答え合わせ！

あなたの書き取りと照らし合わせて間違えた箇所をチェック！

Man: Hey, I saw you in the park this morning.

Woman: Oh, you should've come and said hi.

M: Well, I didn't like to disturb you. You ⑦ seemed to be meditating.

W: Ah, yes, thanks. I do a sort of ④ cross between meditation and yoga.

M: It's beautiful weather for it, but don't ❷ **the mosquitoes** bother you?

W: Mm, not too much. Besides, my mosquito coil usually keeps them away.

M: "Usually"? So, you ❶ **do it regularly**, do you?

W: Yes, I have to. I can't let all my patrons down.

M: Oh, ⑤ you've got patrons! So that's why ❸ **you were** filming yourself.

W: Yes. I livestream ⑥ the sessions to about 2,000 viewers every day.

M: Good for you!

訳

男性：ねえ、今朝、公園で君を見掛けたよ。
女性：あら、あいさつしに来てくれたらよかったのに。
男性：それは、邪魔したくなかったから。瞑想しているようだったし。
女性：ああ、そうなのよ、ありがとう。瞑想とヨガを合わせたようなことをやっているの。
男性：そういうことをするには最高の天気だけど、蚊に悩まされたりしないの？
女性：うーん、そんなには。それに、いつも蚊取り線香が追い払ってくれるから。
男性：「いつも」？　じゃあ、定期的にやってるの？
女性：ええ、そうしないといけなくて。視聴者の皆さんをがっかりさせたくないから。
男性：ああ、視聴者がいるのか！　だから自分のことを動画に撮っていたんだね。
女性：そう。毎日2000人ぐらいの視聴者にセッションを生配信しているのよ。
男性：すごいね！

あなたの結果と比べてみよう

間違いランキング

1位 **do it regularly** 間違い率 **57%**
ミスのほとんどが it を抜かした

2位 **the mosquitoes** 間違い率 **55%**
the を落とす、あるいは mosquito と単数形にした

3位 **you were** 間違い率 **48%**
you are と現在形にした

Week 1

解説 定冠詞 the ？ 不定冠詞 a ？あるいは無冠詞？
冠詞の感覚を文脈の中で培う

1位 代名詞itの聞き落とし

do it の it を聞き落としたミスが 6 割弱の人に見られました。do と regularly の間に、呼気の切れ目が「ドゥイッ」のように感じられます。do（やる）と言っているので、後ろに「何を」（目的語）がほしいですね。音と文脈から、女性が朝の公園でやっていたことを it（それ）で受けて目的語にしていると推測できます。この文は変則的な付加疑問文の形を取っています（「キホン知識」参照）。

2位 theの聞き落とし

5 割強の人が the mosquitoes の the を聞き落としました。恐らく「（一般に）蚊というもの」（無冠詞で複数形）と解釈したのでしょう。一見、無冠詞の複数形は文脈的にも自然に思えますが、ここでは話し手が「（あの公園にいる）蚊」と限定的に述べるために the を付けています。なるほど、

51

the というのはこんなふうに使うんだなあ、と気付いてもらえれば、このミスは有益なミスです。

3位 be動詞の聞き間違い

you were を you are と現在形にしたミス。were なのか are なのか耳だけの判断では難しいですが、文脈を考えてみましょう。今朝の公園、女性が瞑想している、動画を撮影している。これらは「今」ではなく「今朝やっていた」（過去進行形）ことです。従って are ではなく were です。

52

ここにもご注意！

4位	**cross**	間違い率 **45%**

ミスの大半が class にした

5位	**you've got**	間違い率 **28%**

you got にした

6位	**the sessions**	間違い率 **27%**

sessions や a session などにした

7位	**seemed**	間違い率 **21%**

ミスのほとんどが seem にした

Week 1

4位 似た発音の語

　確かに音は class と似ていますが、後ろとのつながり考えると NG。cross between A and B で「A と B を掛け合わせたもの」。

5位 助動詞 have の短縮形（現在完了）

　've got は have got（持っている）の短縮形。文脈から女性は patrons（視聴者）を現在持っている（have got）のであって、過去（got）ではありません。

6位 冠詞と複数形

　耳での確認は難しいですが、文脈からは「特定」の the が必要。また、「定期的に」やっていることから sessions と複数。

7位 過去形-ed の「脱落」

　seemed to の [d] が「脱落」して「スィームトゥ」のように。文脈からは「今朝女性を見掛けた」とき「〜しているように思われた」で過去。

53

アウトプットで耳を鍛える！

自分が聞き取れなかった文だけでもいいので声出ししてみましょう。

🔊 **12**

☐ オーバーラッピング　　☐ シャドーイング

Man: Hey, I saw you in the park this morning.

Woman: Oh, you should've come and said hi.

M: Well, I didn't like to disturb you. You ❶**seemed to be** meditating.

W: Ah, yes, thanks. I do a sort of ❷**cross** between meditation and yoga.

M: It's beautiful weather for it, but don't ❸**the mosquitoes** bother you?

W: Mm, not too much. Besides, my mosquito coil usually keeps them away.

M: "Usually"? So, ❹**you do it** regularly, do you?

W: Yes, I have to. I can't let all my patrons down.

M: Oh, ❺**you've got** patrons! So that's why ❻**you were** filming yourself.

W: Yes. I livestream ❼**the sessions** to about 2,000 viewers every day.

M: Good for you!

発音アドバイス

❶ seemed to be の [d] が seem の音をせき止め、「スィーム（ド）トゥビ」のように。

❷ cross の [rɔ] は「ウ」を発音する口の形で始めて「ロ」と発音。

❸ the を弱く素早く「ダ」と言って mosquitoes の前に添える。

❹ you do it の [t] で「イ」の音をせき止め、「ユードゥーイッ」と発音。

❺ you've got の [t] で「ゴ」の音をせき止め、「ユーヴゴッ」と発音。

❻ you were を1語のように「ユワ」と発音。

❼ the を弱く素早く「ダ」と言って後ろの sessions の前に添える。

トレーニング II

書き取ってみよう！

音声を聞いて、空欄に入る語句を書き取ってみましょう。正解はp. 156

🔊 **13**

1. We are (　　　　　　　　　　) to complete the project

   ahead of schedule.

2. She recommended that (　　　　　　　) every day were

   a new adventure.

3. The dish was seasoned with (　　　　　　　　) for

   added flavor.

4. I wasn't really (　　　　　　　) for singing, so I left the

   party early.

5. The conference started on time and proceeded smoothly,

   so (　　　　　　　　　) conclude as scheduled.

Unit 4

素早く発音される慣用句には気を付けて

書き取る英文のテーマ

父への留守電メッセージ

　メールやメッセンジャーが気軽に使える時代になりましたが、留守番電話も時に有効な伝達手段となります。特に、面と向かって話すのは恥ずかしいけど、自分の声で伝えたい場合は。

自信がある人は
ここを見ないで挑戦！

ヒント＆語注

- drive A to B ……………… A（人）をBへ車で連れていく
- along the way ………… 道中で
- be anxious about 〜 …… 〜について心配する・不安に思う
- have confidence in 〜 …… 〜を信頼している
- roll one's eyes at 〜 …… 〜に目を回す、〜にあきれる
- miss ……………………… 〜がないのを寂しく思う
- make sure to do ……… 必ず〜する
- come up with 〜 ……… 〜を考え出す
- Bye for now. …………… さようなら。それでは。

音声を聞いて、書き取ってみてください。手順はp. 27

🔊 14

A Voicemail from a Daughter

Oh,

Anyway,

Oh, you're not there! You must be still on your way home. Dad, I just **3 wanted to** thank you for driving me to the airport. I'm so sorry if I seemed a little quiet 4 along the way. I guess I'm just really anxious about this big move to a new city and a new job. 7 I sure like how you said, "They need you more than you need them." You have so much confidence in me!

Anyway, you know how I always 5 roll my eyes **2 at your stupid** "dad jokes"? Well, I already miss them! Please make sure to come up with **1 a few** during our Zoom talks. Oh, 5 they're calling my flight. Bye for now! Love you!

訳　　あ、いないんだ！　きっとまだ家に戻る途中ね。パパ、空港まで車で送ってもらったお礼を言いたかっただけなの。途中、私がちょっと無口に思えたとしたら、ごめんなさい。私、今回の新しい町や新しい仕事っていう変化に、すごく不安になってるみたいなの。「君が向こうを必要としている以上に、向こうは君を必要としてるんだ」ってパパが言ってくれたことは本当にうれしい。私のことをそんなに信頼してくれているなんて！

　　それはともかく、私がいつも、パパのくだらない「おやじギャグ」にあきれてるの知ってるよね。それが、もう懐かしくなっちゃってるの！　Zoom で話すとき用に、幾つかちゃんと考えておいてね。あ、私のフライトの搭乗案内だわ。じゃあまたね！　大好きよ！

あなたの結果と比べてみよう
間違いランキング

1位 **a few**　this you や this にした　間違い率 **61%**

2位 **at your stupid**　just stupid や stupid だけにした　間違い率 **54%**

3位 **wanted to**　ミスのほとんどが want にした　間違い率 **48%**

解説　慣用句は知らないと聞き間違えやすい。
日常会話に頻出の慣用句をできるだけ覚える

1位　短い単語から成る慣用句

a few を this you や this, you などにしたミスが続発。come up with a few と1音節の短い語が連続して聞き取りにくい箇所でした。come up with 〜（〜を考え出す、〜を思い付く）に続く名詞は idea とか plan、solution、measure、way とだいたい決まっていますが、a few もその一つ。come up with a few で「（案を）二、三考え出す、思い付く」。慣用句として覚えておきましょう（「キホン知識」参照）。

2位　前置詞を含む慣用句と代名詞

at your stupid を just stupid としたミスが多く、他に stupid だけにしたミスも。前置詞や代名詞はいつも弱く発音されます。ここでは at と your がそれです。roll one's eyes at 〜（〜に目を回す、あきれる）という表現の知識があれば、たとえ at がほとんど聞こえなくても解決できます。

59

さらに、文脈から「あきれる」対象が「あなたの『おやじギャグ』」と推測できるので your も解決できます。

3位 過去形の-edの「同化」

　ミスのほとんどは wanted to thank you を現在形で want to thank you としたもの。wanted to が「ウォニットゥ」のように聞こえます。文脈は、「電話をした」→「いない」→「メッセージを残す」→「（電話をしたのは）お礼を言いたかったから」ということで、過去形で wanted to thank you と言うのが自然。

慣用句を覚える

　1 位を含む come up with ～ や 2 位を含む roll one's eyes at ～ は慣用句の中でも頻繁に使われる表現です。複数の語で構成されていますが、ひとかたまりとして覚えましょう。覚えるコツとしては、「～」の部分も一緒にして口慣らしすることです。come up with ～ であれば come up with a few ideas（二、三いいアイデアを思い付く）、roll one's eyes at ～ であれば roll my eyes at his "dad jokes"（彼の「おやじギャグ」にあきれる）のように。こうした日常的に使える表現がたくさん含まれてる教材で聞き取りの練習をしながら、貪欲に表現収集をして自分の持ち駒を増やしてください。持ち駒が増えれば、それに比例してリスニングが楽になるはずです。

ここにもご注意！

4位	**along**　ミスの半分が long にした	間違い率 **35%**
5位	**roll**　low や all にした	間違い率 **34%**
5位	**they're**　the や they にした	間違い率 **34%**
7位	**I sure**　I'm sure にしたミスが多く、他に assure や I surely など	間違い率 **28%**

Week 1

4位　弱く発音される前置詞（慣用句の一部）

along the way（道中）を知っていれば正解できました。along [əlɔ́ŋ] の最初の [ə] が弱いが、何か発音されているのは聞き取れたはず。

5位　「ダークL」（慣用句の一部）

roll [roul] が「ダークL」を含むので確かに low や all に似て聞こえます。慣用句 roll one's eyes at ~ の知識があれば迷わなかったでしょう。

5位　耳では分かりにくい短縮形

「主語＋ be 動詞」は、話し言葉では圧倒的に短縮形が使われます。直後が calling なので be 動詞＋ ~ing の進行形を想定しましょう。

7位　副詞の sure

sure は、実は副詞でも使われます（特に米語で）。I sure like は I really like のように後ろの動詞を強調します。

アウトプットで耳を鍛える！

自分が聞き取れなかった文だけでもいいので声出ししてみましょう。

🔊 **14**

□オーバーラッピング　　□シャドーイング

Oh, you're not there! You must be still on your way home. Dad, I just **❶wanted to** thank you for driving me to the airport. I'm so sorry if I seemed a little quiet **❷along** the way. I guess I'm just really anxious about this big move to a new city and a new job. **❸I sure like** how you said, "They need you more than you need them." You have so much confidence in me!

Anyway, you know how I always **❹roll my eyes ❺at your** stupid "dad jokes"? Well, I already miss them! Please make sure to come up **❻ with a few** during our Zoom talks. Oh, **❼they're calling** my flight. Bye for now! Love you!

発音アドバイス

❶ 米音では wanted の [t] が [n] に吸収されて「ウォニッ（ド）」。これに to を続けて「ウォニットゥ」のように。

❷ along は第2音節に強勢があるため a は曖昧で弱くなり、「ゥロング」のように。

❸ I sure like をまるで1語のように、I から順に「弱・極強・強」で発音。

❹ roll my eyes は、roll から順に「強・弱・強」で発音。roll の [l] は「ダークL」なので、全体は「ロウゥマイアイズ」。

❺ at your の [t] と [j] を同化させて「アッチュア」のように。

❻ with a を連結させ「ウィザ」。これに few をなめらかに続ける。

❼ they're を「ゼァ」と弱く素早く発音し、その後の calling をしっかりと言う。

トレーニング II

書き取ってみよう！

音声を聞いて、空欄に入る語句を書き取ってみましょう。正解はp. 156

◀)) 15

1. I (　　　　　　　　) watch a movie instead of going out

   tonight.

2. They (　　　　　　　　) discuss the project during the team

   meeting.

3. She (　　　　　　　　) chat with her neighbor on the way

   home.

4. They analyzed the data and (　　　　　　　) present

   findings next week.

5. Follow instructions precisely, I (　　　　　　　) done

   accurately and on time.

Unit 5

聞き分け困難な単語は文脈に頼るのが正解

書き取る英文のテーマ

新しい大切な家族

　友人に道でばったり。相手はワンちゃんを連れています。ペットブームの昨今、身勝手な業者が起こすさまざまな問題も取りざたされています。ペットに罪がないことだけは確かなのですが。

自信がある人は
ここを見ないで挑戦！

ヒント＆語注

- **figure out ~** ……………… 〜を解明する、〜を当てる
- **breed** ………………………… 品種、犬種
- **mixture** ……………………… 交雑種
- **overbreeding** ……………… 過剰繁殖　※犬などの健康に害を及ぼすほど頻繁に出産させること
- **cause ~ to do** ……………… 〜に…させる
- **a whole lot of ~** ………… たくさんの〜
- **hip** ……………………………… 股関節
- **ailment** ……………………… （軽い）病気、故障　※発音は [éilmənt]
- **behavioral** ………………… 行動の
- **cruel** …………………………… 残酷な、残虐な
- **win a prize** ………………… 賞を取る
- **have a big heart** ………… 寛大な心を持っている、心が広い

書き取ってみよう！

音声を聞いて、書き取ってみてください。手順はp. 27

 16

A Beloved Shelter Dog

Woman: Hey, Paul,

Man: Yes,

W: Oh,

Woman: Hey, Paul, nice to see you! Hey, I didn't know you had a dog!

Man: Yes, this is Glee. He sure loves his 6 walks!

W: Hmm ... I'm trying to figure out what breed he is.

M: Well, he's a mixture. I picked him up at 6 the shelter.

W: Oh, good for you! I was reading how overbreeding these days is causing a whole lot of dogs to suffer — **1 breathing** problems, 5 hip ailments, **3 behavioral** issues ... And it's all just to make them look "cuter." **2 Humans seem** to be becoming 4 crueler to "man's best friend."

M: Yeah. Glee, here, sure wouldn't win any prizes for his looks. But he would definitely win one for having the biggest heart!

訳

女性：あら、ポール、こんにちは！　まあ、犬を飼っているなんて知らなかったわ！

男性：うん、グリーっていうんだ。散歩が本当に大好きなんだよ！

女性：うーん……何の犬種なのか当てようとしてるんだけど。

男性：ええと、雑種だよ。この子はシェルターから引き取ったんだ。

女性：あら、それはいいことね！　私、最近の過剰繁殖のせいでたくさんの犬が苦しんでいるっていう記事を読んでいたの——呼吸障害とか股関節の故障とか問題行動とか……。それも全部、犬を「もっとかわいい」見た目にするためだけにね。人類は「人間の親友」に対して、いっそう残酷になっているみたいだわ。

男性：そうだね。このグリーは確かに外見では賞が取れないだろうな。だけど最高に大きなハートの持ち主ってことでなら受賞間違いなしだよ！

あなたの結果と比べてみよう
間違いランキング

1位 breathing　　間違い率 **71%**
ミスのほとんどが breeding にした

2位 Humans seem　　間違い率 **58%**
ミスのほとんどが Human seems にした

3位 behavioral　　間違い率 **50%**
ミスの多くが behavior に、behave にしたミスも

解説　[ð] と [d] の違いを耳だけで区別するのは不可能。
文脈から推測する

1位　聞き分けが困難な[ð]と[d]

　breathing を breeding にしたミスが続発。前で言われている breed と overbreeding に影響されたと思われます。breathing と overbreeding の breeding の部分を繰り返し聞き比べても、[ð] と [d] の違いを耳で感じ取ることは難しいです。ただ、breeding problems では文脈的に意味が釈然としません。breathing problem は「呼吸障害」の意味でよく使われます。

2位　複数形の「脱落」と二次災害

　Humans を Human に、seem を seems にしたミスが多発。Humans の [z] が直後の seem の [s] の影響で「脱落」したのが原因でしょう。このミスで主語が Human（単数）と思い込み、seem に「3 単現」の s を加えるという「二次災害」を招いたと考えられます。human は形容詞と名詞があり、名詞は可算なので単数なら A human となります。

67

behavioral（形容詞）を behavior（名詞）にしたミスが多く、一部、behave としたミスも。behavioral の語末がはっきり聞こえません。強勢（第2音節）の前後は通常弱く発音されますが、加えてここでは語末の「ダークL」の音が聞き落とした原因にもなっています（「キホン知識」参照）。behavioral issues で「行動上の問題（問題行動）」。

キホン知識：発音

[l]の発音：「クリアL」と「ダークL」

　ネイティブスピーカーが発音する little を聞いて、どうも最初の [l] と語末の [l] では音が異なると感じたことはありませんか？　辞書には [lít(ə)l] のように両方とも同じ発音記号で記されていますが、実は [l] の発音には2種類あります。「クリアL」と「ダークL」です。私たちがなじんでいるのは、love、black、life、clear、like のような明るく澄んだ響きのする「クリアL」です。♪ラララララーン♪と歌うときの「ラ」に近い音です。一方、意識はしていないものの頻繁に登場するのが「ダークL」です。milk、apple、kill、help、until、silver などなど。このダークL は、l が語末か子音の前に位置した場合に起こります。吐きそうになったときの「ウ」に似ています。milk を飲み過ぎて milk「ミック」。I'll は「アイゥ」。課題の behavioral も語末が「ダークL」で、はっきりと聞こえなかったのです。

ここにもご注意！

4位 **crueler**　　　　　　間違い率 **44%**
crueler の語末 -er を抜かした

5位 **hip**　　　　　　間違い率 **35%**
hit や heat にした

6位 **walks**　　　　　　間違い率 **28%**
works や walk にした

6位 **the shelter**　　　　　　間違い率 **28%**
ミスの全ては the を抜かした

Week 1

4位 語末の-erの聞き落とし

　than ～ を伴わない比較級の表現は頻出。何と比べているかは文脈から読み取ってください。ここでは「（以前よりも）残酷な」。

5位 破裂音の「脱落」

　日本人にとって語末の子音の聞き取りは難しいもの。特に [p]、[t]、[k] は語末では破裂しないためほとんど聞こえません。文脈から単語を推測。

6位 発音の似た語の聞き間違い：walkとwork

　最初の女性の発話から、「散歩」（walk は可算名詞）の途中で2人が偶然に会い、そこでの犬にまつわる立ち話といった文脈で判断しましょう。

6位 冠詞の聞き落とし：「特定」のthe

　男性は「（会話をしている2人が住んでいる地域にある、あの）保護施設」という意味で shelter に the を付けています。

アウトプットで耳を鍛える！

自分が聞き取れなかった文だけでもいいので声出ししてみましょう。

🔊 **16**

☐ オーバーラッピング　　☐ シャドーイング

Woman: Hey, Paul, nice to see you! Hey, I didn't know you had a dog!

Man: Yes, this is Glee. He sure loves his ❶**walks**!

W: Hmm ... I'm trying to figure out what breed he is.

M: Well, he's a mixture. I picked him up ❷**at the shelter**.

W: Oh, good for you! I was reading how overbreeding these days is causing a whole lot of dogs to suffer — ❸**breathing** problems, ❹**hip** ailments, ❺**behavioral** issues ... And it's all just to make them look "cuter." ❻**Humans seem** to be becoming ❼**crueler** to "man's best friend."

M: Yeah. Glee, here, sure wouldn't win any prizes for his looks. But he would definitely win one for having the biggest heart!

発音アドバイス

❶ walks の [s] は舌先と上下の前歯の間を通り抜ける風の音。「ウォーク（ス）」のように。

❷ at the shelter は at から順に「弱・極弱・強」で発音。at と shelter の谷間の the はほとんど存在感がなくなる。

❸ breathing の th[ð] は [z] や [d] にならないように舌先と上の歯を付けて発音。

❹ hip の [i] は「エ」と「イ」の中間音。「ヘィップ」と言うつもりで。

❺ behavioral の語末の [l] は「ダーク L」。「ベヘイヴィョラゥ」のように発音。

❻ Humans の [z] は頑張って発音せず、続けて seem を発音するとほとんど消える程度で OK。「ヒューマン（ズ）スィーム」

❼ crueler の発音は、主に米音では [ər] で、英音では語末の [r] は発音せず [ə]。どちらでも好みで。

トレーニング II

書き取ってみよう！

音声を聞いて、空欄に入る語句を書き取ってみましょう。答えはp. 156

🔊 17

1. He (　　　　　　　　　　) to the top of the company.

2. The (　　　　　　　　　) helped us plan a fantastic vacation

   with exciting destinations.

3. In the antique market, (　　　　　　　　) often fetch higher

   prices among collectors.

4. The cozy room felt (　　　　　　　　) after rearranging

   the furniture.

Week 2

Unit 6

[h]の音は聞き取り困難
文法知識が強い味方

町探検はいかが？

　脳機能を健康に保つ方法として、よく散歩が推奨されます。でも、散歩の効能って、それだけではありませんよね。毎日同じルートを歩いていても、新たな発見や気付きを与えてくれることがあります。

自信がある人は
ここを見ないで挑戦！

ヒント＆語注

- peel A off B ……… A を B から引きはがす
- couch ……… カウチ、（寝そべることのできる）ソファー
- unfamiliar ……… 見知らぬ、不慣れな
- explorer ……… 探検家
- unexpected ……… 予期しない、意外な
- stimulate ……… 〜を刺激する、〜を活性化する
- sparrow ……… スズメ
- puff out ~ ……… 〜を膨らませる
- fragrance ……… 芳香
- stroll ……… 散策する
- guarantee to do ……… 〜することを保証する
- well and truly ……… 完全に
- that is ……… 〜ということだけど　※会話で末尾に付ける

音声を聞いて、書き取ってみてください。手順はp. 27

🔊 18

The Joys of Urban Hiking

I am

The speed

You are

Week 2

さあ、答え合わせ！

あなたの書き取りと照らし合わせて間違えた箇所をチェック！

2 Peel yourself off that couch and go get lost! I am serious. Getting out of the house to do a little "urban hiking" in an unfamiliar part of the city might be the best thing you do for yourself all day. You can feel like 4 an explorer as you discover new and unexpected things. And it will not only be your brain that will be stimulated but your senses as well.

The speed of walking enables you to notice that little 4 sparrow over there puffing out its tiny **2 breast**. You can hear the happy cry of old friends meeting unexpectedly on the street. You can 7 breathe in the sweet fragrance of the trees you 6 stroll by. You are guaranteed to return home in a good mood — unless **1 you have** well and truly got lost, that is.

> **訳**　　そのカウチから体を引きはがして、迷子になりに行きましょう！　真面目な話をしています。家から出て、町の中のよく知らない場所でちょっとした「都会のハイキング」をすることは、自分のために丸一日かけてする最高の活動かもしれません。新しい意外な発見をするうちに、探検家になったような気分になれます。そして、脳ばかりでなく、感覚も刺激されるでしょう。
> 　　歩く速度だと、向こうにいるスズメが小さな胸を膨らませているのにも気付くことができます。旧友同士が道端で思いがけず出会ったうれしそうな叫び声も聞こえてきます。通り掛かった木々の甘い香りを吸い込むこともできます。きっと良い気分で家に帰ってくるはずです——本当に迷子になってしまわなければ、ということですが。

あなたの結果と比べてみよう
間違いランキング

1位 **you have**　間違い率 **47%**
ミスのほとんどが you are とした

2位 **Peel**　間違い率 **43%**
Here や Pull、Feel などさまざま

2位 **breast**　間違い率 **43%**
breath や breathed などにした

解説 **[h] の音は強勢がない限りかなり弱い音になるので
文法知識を頼りにすべし**

1位 弱く発音される[h]

　ほとんどが have を are としたミス。[h] の音は、弱く発音される完了形の have や代名詞の him/her などでは、耳で感じ取ることが困難です。ここでも have が「アヴ」のように聞こえ、are のミスにつながったと思われます。you have got lost（迷ってしまう）という現在完了形に気付きたいところ。have と got の間に well and truly（完全に）が入っていたため気付けなかったのでしょう。

2位 なじみのない句動詞と「ダークL」

　Peel を Here、Pull、Feel、Period、Curious などさまざまな単語と聞き間違えたミスがありました。Peel の語末の [l] が「ゥ」のようになり、peel という語を想像しにくかったことと、peel の用法が難しかったことがミスの要因でしょう。peel の原義は「皮をむく」（例えば、peel an apple）

77

ですが、peel ~ off ... という形で「〜を…から引きはがす、引き離す」
の意味になります。ここでは、peel oneself off the couch で「カウチか
ら起き上がる」。

2位 なじみのないイディオムと「脱落」

　breast（胸）を breath や breathed などにしたミスが。breast の語末の [t]
がほとんど聞こえず、これが breath のミスを誘ったのでしょう。おま
けに、puff out one's breath（フーッと息を吐く）という表現があり、文脈に
合いそうと思った人も多かったと思われます。ここでは puff out one's
breast で「胸を膨らませる、胸を張る」です。なるほど、情景が浮か
びますね。

キホン知識：語彙
「完全に、十分に、かなり」のwell

　「上手に」を意味する well についてはよく親しんでいます
が、間違いランキング1位を含む部分、have well and truly got
lost で使われていた well については知らない人が多かったよう
です。ここでの例のように、実は「完全に、十分に、かなり」
の意味で使われることは少なくありません。よく知られた例で
は、I know him very well.（彼のことは非常によく知っています）や、
He worked till he was well over 70.（彼は70歳を優に超えるまで働いた）
など。ただ、well and truly は「完全に」を意味するイディオム
なので丸ごと覚えておきましょう。

ここにもご注意！

| 4位 | **an explorer** | 間違い率 **33%** |
| | ミスのほとんどが an explore か explore とした | |

| 4位 | **sparrow** | 間違い率 **33%** |
| | ミスのほとんどが spare にした | |

| 6位 | **stroll** | 間違い率 **29%** |
| | ミスの半分強が straw にした | |

| 7位 | **breathe** | 間違い率 **17%** |
| | breeze や breath とした | |

Week 2

4位 -erの聞き落とし

explore は「探検する」という動詞。ここでは You can feel like ~（〜のように感じる）の後に続く部分なので「探検家」を意味する explorer が適切。

4位 語の聞き間違い

sparrow は後ろに breast があり、かつ notice △ ~ing（△が〜しているのに気付く）があったため前後からの推測が難しい箇所でした。

6位 語末の「ダークL」

stroll（散策する）の語末の [l] が「ダークL」で「ウ」のように聞こえるため straw のようなミスが。

7位 発音の似た語の聞き間違い

breathe と breeze の聞き分けは耳よりも文脈で。breeze には「そよ風」の他、動詞で「そよ風が吹く、さっそうと歩く」もあるが不自然。

アウトプットで耳を鍛える！

自分が聞き取れなかった文だけでもいいので声出ししてみましょう。

🔊 **18**

□ オーバーラッピング　　□ シャドーイング

---

❶Peel yourself off that couch and go get lost! I am serious. Getting out of the house to do a little "urban hiking" in an unfamiliar part of the city might be the best thing you do for yourself all day. You can feel like **❷an explorer** as you discover new and unexpected things. And it will not only be your brain that will be stimulated but your senses as well.

The speed of walking enables you to notice **❸that little sparrow** over there puffing out its tiny **❹breast**. You can hear the happy cry of old friends meeting unexpectedly on the street. You can **❺breathe in** the sweet fragrance of the trees you **❻stroll** by.

You are guaranteed to return home in a good mood — unless **❼you have** well and truly got lost, that is.

発音アドバイス

❶ Peel yourself の 2 つの [l] は「ダーク L」。従って「ピーゥ ユアセッフ」のように発音。

❷ an explorer の 2 語を連結させて「アネクスプローラー」のように。

❸ that little は「ダッ(ト)リロゥ」のように、また、sparrow の [æ] は「エア」を超早口で発音する要領で。

❹ breast は語末の [t] で「ス」の音をせき止め、「ブレス(ト)」と発音。

❺ breathe in を 1 語のように連結させて「ブリーズィン」と発音。

❻ stroll の [l] は「ダーク L」。従って「ストゥローゥ」のように発音。

❼ you have の [h] は弱く発音して「ユーアヴ」に近付ける。

トレーニング II

書き取ってみよう！

音声を聞いて、空欄に入る語句を書き取ってみましょう。正解はp. 156

正解はp. 156

🔊 19

1. (　　　　　　　　　　) feelings for him.

2. Jack (　　　　　　　　) with his compassionate words.

3. I (　　　　　　) about the upcoming meeting

　(　　　　　　) thoughts on the proposal.

4. The antique furniture (　　　　　　) the workshop

　repaired a vintage cabinet.

5. Most (　　　　　　) a mild headache and

　runny nose.

Week 2

Unit 7

動詞から 後に続く語を 予想しよう！

リモート会議の話題

　在宅勤務が日常化して、リモート会議も当たり前になりました。通勤時間の無駄や苦痛から解放されはしたものの、自宅から出て歩くことが少なくなって、別の弊害に悩む人も増えているようです。

自信がある人は
ここを見ないで挑戦！

ヒント＆語注

- **bad connection** ……………… 接続不良
- **particular** ……………… 特定の
- **a bit of news** ……………… 1つのニュース ※ a piece of news とも言う
- **bike** ……………… 自転車　※ = bicycle
- **awesome** ……………… ものすごい、素晴らしい
- **turn into ~** ……………… 〜に変化する
- **lump** ……………… 塊　※ a lump of ~ で「一塊の〜」の意
- **lard** ……………… ラード、豚脂
- **crush** ……………… 殺到、大混雑
- **squeeze into ~** ……………… 〜に押し入る、〜に無理やり入り込む
- **commuter train** ……………… 通勤電車

書き取ってみよう!

音声を聞いて、書き取ってみてください。手順はp. 27

 Bad News from the Office?

Woman: Can

Man: Yeah,

W: You're

さあ、答え合わせ！

あなたの書き取りと照らし合わせて間違えた箇所をチェック！

Woman: Can you see me now?

Man: Yeah, there was a bad connection. I can see and hear you now.

W: Good. Well, did you hear the bad news from work?

M: Maybe. Which particular **2 bit of** bad news are you talking about?

W: The bad news that they want us to go back to work at the office.

M: That's not bad news! That's great! I can finally start riding my bike again.

W: You're lucky.

M: Actually, it's awesome news. I've turned into 6 a lump of lard 5 sitting at this computer every day and never going out.

W: I think most of us have. But can you imagine **1 what a crush** there's going to be when all of us 6 unhealthy **3 lumps** 4 squeeze back into the commuter trains again?

M: Aha!

訳

女性：これで私が見える？

男性：うん、さっきは接続が悪かったんだ。今は君が見えるし、声も聞こえるよ。

女性：良かった。それで、職場からの悪いニュースは聞いた？

男性：多分。君が言っているのは具体的にどの悪いニュース？

女性：私たちをオフィスでの勤務に戻そうとしているっていう悪いニュース。

男性：それは悪いニュースじゃないよ！ うれしいな！ やっと自転車通勤が再開できる。

女性：あなたはいいわね。

男性：実際、ありがたいニュースだよ。毎日このパソコンの前に座って外出しなかったから、ラードの塊になっちゃった。

女性：ほとんどの人がそうだと思うわ。だけど、その不健康な塊になった私たちがそろってまた通勤電車に無理やり乗り込んだら、どんな混雑が起こるか想像できる？

男性：ハハハ！

あなたの結果と比べてみよう
間違いランキング

1位 ## what a crush　間違い率 **51%**
most crush、most crash などさまざま

2位 ## bit of　間違い率 **42%**
a bit of や bits of、better of にした

3位 ## lumps　間違い率 **38%**
lump にしたミスが多く、ほかに lamp も

解説　英語は語順が大切な言語。
動詞から後続部分が予測できると聞き取り力も上がる

1位　直前の語の発音の影響

　what a を most にしたミスが多く、また、crush を crash にしたミスや、what a の a を抜かしたミスなどさまざま。what が most に聞こえたのは、直前の imagine の [n] が what の [hw] に影響したためでしょう。また、文が複雑でした。imagine の目的節が感嘆文、さらにこの文が there is 構文、加えて動詞部が is going to になっています。There's going to be a crush. を感嘆文にすると What a crush there's going to be! で、これが imagine の目的節になっています（「キホン知識」参照）。

2位　慣用句の影響

　bit of を a bit of、bits of、better of などにしたミスが。不要な a を付けた人は「少しの〜」として使う a bit of 〜 や副詞的に使う a bit（少し）に慣れ親しんでいる証拠ですね。ここでは bit を which particular

85

（どの具体的な）が修飾しているので a は不要です。Which book are you talking about?（どの本のことを言ってるの）の book に a が付かないのと同じです。

3位 複数形のs

lumps を lump としたミスが多く、他にも lamp、rump、ramp などの綴りのミスが。わずかに語末が「プス」と聞こえます。lump（塊）は「可算」。このすぐ前の男性の発話に a lump of lard がありましたが、ここでも「可算」の意識がなく a を抜かした人が多く見られました（間違いランキング 6位を参照）。

キホン知識：文脈

動詞の意味から後続を予想する

　英語の大ざっぱな語順のルールは、「何が・どうする」で始まり、「どうする」の意味によって「後ろに続く語句が決まる」です。このことは裏返せば、動詞の意味から後続の語句を予想することができるということ。間違いランキング 1位の聞き取りのカギは動詞 imagine にあります。「想像する」の後にどんなことばが続くか考えてみましょう。「…ということを／どれほど…かを／何が（なんと）…かを」などが予想できますね。つまり imagine の後には that 節や、how、what、when、why、where、which、who などの疑問詞で始まる名詞節が頻繁に続くのです。この「予想」が、スピードに遅れない聞き取りを可能にしてくれます。

ここにもご注意！

| 4位 | squeeze back into | 間違い率 35% |

ミスの約半数が into を in にした

| 5位 | sitting at | 間違い率 34% |

ミスの大半が at を抜かして sitting にした

| 6位 | a lump of lard | 間違い率 23% |

a lamp もしくは a を抜かして lump とした

| 6位 | unhealthy | 間違い率 23% |

and health や and healthy などにした

4位 前置詞の聞き間違い

squeeze in ~ でも squeeze into ~ でも「～に無理に押し入る」ですが、ここでは back（戻って来て、再び）があるので方向（to）を加えた into。

5位 前置詞の聞き落とし

sitting だけでは直後の this computer とつながりません。sitting に at を加えれば「～に向かって座って」となります。

6位 冠詞、綴りの間違い

a lump of lard で「ラードの塊」。つまり運動不足で脂肪が付いたわけです。このフレーズになじみがなく、of lard を of lot などにするミスも。

6位 語彙の聞き間違い

when all of us ＿＿＿ squeeze ... の要素を考えると下線部には all of us の同格、つまり unhealthy lumps（不健康な塊）が入ると判断。

アウトプットで耳を鍛える！

自分が聞き取れなかった文だけでもいいので声出ししてみましょう。

🔊 20

□オーバーラッピング　□シャドーイング

Woman: Can you see me now?

Man: Yeah, there was a bad connection. I can see and hear you now.

W: Good. Well, did you hear the bad news from work?

M: Maybe. Which particular ❶**bit of bad news** are you talking about?

W: The bad news that they want us to go back to work at the office.

M: That's not bad news! That's great! I can finally start riding my bike again.

W: You're lucky.

M: Actually, it's awesome news. I've turned into ❷**a lump of lard** ❸**sitting at** this computer every day and never going out.

W: I think most of us have. But can you imagine ❹**what a crush** there's going to be when all of us ❺**unhealthy** ❻**lumps** ❼**squeeze back into** the commuter trains again?

M: Aha!

発音アドバイス

❶ bit of を連結させて「ビタヴ」と発音し、後の bad news につなぐ。

❷ a lump of lard をまるで 1 語のように。a から順に「極弱・強・弱・強」で発音。lump of は連結させて「ランポブ」のように。

❸ sitting at を連結させ、at の [t] で「ア」の音をせき止め、「スィティンガッ（ト）」と発音。

❹ what a を連結させ「ワッタ」（米音では「ワラ」）と発音し、後の crush につなぐ。

❺ unhealthy の [l] は「ダーク L」。従って「アンヘゥスィー」のように発音。

❻ lumps の語末の [ps] は破裂音と摩擦音の連続で、タイヤの空気が抜けるような「プス」といった音。

❼ squeeze back into の back into を連結させ、「スクウィーズ バッキン トゥ」のように発音。

トレーニング II

聞き取ってみよう！

音声を聞いて、（　）内の正しい方を選びましょう。正解はp. 157

Week 2

🔊 21

1. (An expected / Unexpected) rise in unemployment will be bad news for the government.

2. (An awareness / Unawareness) of the schedule caused them to miss the important meeting.

3. She pondered the decision (and settled / unsettled) on the most practical choice.

4. She looked (in a / into) mirror and adjusted her hair.

Unit 8

似た語や難しい語を思い込みで判断しない

書き取る英文のテーマ

アートはどうあるべき？

　芸術家は、芸術の純粋さの追求と商業的な成功の選択を迫られることがあります。あなたは、芸術表現が商業的な影響を受けると考えますか？それとも両立可能だと考えますか？

自信がある人は
ここを見ないで挑戦！

ヒント＆語注

- aspiring ……………… 熱烈な、意欲的な
- aim for ~ …………… 〜を目指す
- purity ………………… 純粋さ
- take ~ into consideration …… 〜を考慮に入れる
- aspect ………………… 側面、観点
- compromise ………… 〜に関して妥協する、〜を損なう
- voice ………………… (表明された) 考え、意見、発言
- corrupting ………… 堕落させるような、不健全な
- authentic …………… 真の、正真正銘の
- be after ~ ………… 〜を追い求める
- look to ~ …………… 〜に目をやる、〜に関心を向ける
- exclusive …………… (多くの人が利用できないほど) 高級な、一流の
- look away from ~ … 〜から目をそらす

書き取ってみよう！

音声を聞いて、書き取ってみてください。手順はp. 27

手順はp. 27

◀)) 22

An Artist's Choice

Artists,

They may

So,

さあ、答え合わせ！

あなたの書き取りと照らし合わせて間違えた箇所をチェック！

Artists, particularly young, **2 aspiring** artists, have a choice to make: Will they aim for commercial success, or will they aim for purity of message? If we're being honest, once artists begin taking the commercial **3 aspects of their work** into consideration, then they have already made the choice to compromise 7 their art.

They may still go on to make great art, **1 but it will not** be the expression of their single, unique voice. Rather, it will be the expression of the artist's voice plus the corrupting influence of money.

So, if it's 5 authentic art you're after, don't look to Hollywood, or best-seller book lists, or widely promoted 6 exhibitions in exclusive galleries, 4 or the popular music charts. Look away from the mainstream.

訳　　アーティスト、特に若く意欲的なアーティストには、しなければならない選択があります。商業的な成功を目指すのか、それともメッセージの純粋さを目指すのか。正直に言うならば、いったんアーティストが自分の作品の商業的な面を考慮に入れるようになると、それはすでに自分の芸術に対して妥協する決断をしてしまったことになります。

それでも素晴らしい芸術を創造しようと進み続けることはできますが、それはその人の唯一無二の考えの表現ではなくなるでしょう。それどころか、アーティストの考えの表現に金銭の不健全な影響がプラスされてしまうのです。

ですから、あなたが追い求めるのが真の芸術であるならば、ハリウッド（映画）や、ベストセラー書籍一覧や、一流のギャラリーで行われる大々的に宣伝された展覧会や、ポピュラー音楽のチャートに目を向けてはいけません。主流には見向きもしないことです。

あなたの結果と比べてみよう
間違いランキング

1位 **but it will not**　　間違い率 **57%**
it を抜かして will not や would not とした

2位 **aspiring**　　　　間違い率 **47%**
ミスの大半が inspiring にした

3位 **aspects of their work**　間違い率 **38%**
of を so にするなどさまざま

解説 似た語や表現に惑わされないよう
思い込みで判断しない

1位 弱く発音される代名詞

　but it will not の it を聞き落として but will not あるいは but would not としたミスが多発。but と not が強く発音され、間の it が弱くなっているので聞き落としたのでしょう。but の後に新たな主語がなければ、述部（will not be the expression ...）の主語は前文の They になります。しかし、この They は「（商業的に妥協する）アーティスト」で、述部と意味上つながりません。ここでは直前の art を受けた it が自然。

2位 発音の似た語の聞き間違い

　ミスの大半が aspiring を inspiring にしていました。単純に「なじみの差」が原因と考えられますが、芸術の話なので inspiring に飛びついた可能性も。aspiring も inspiring も強勢が第2音節にあります。強勢の前後は必然的に弱く発音されるので、語頭の a- と in- ははっきりと

聞こえません。そこでなじみのある inspiring が選ばれたのでしょう。
aspiring は「意欲的な」で、一方、inspiring は「（人を）奮い立たせる」
です。

3位 弱くなる前置詞

of their work を so they work にしたミスが多く、他に working to や
they were なども。いずれのミスも前置詞 of が聞き取れていません。構
文がやや複雑だったことも影響しているかもしれませんが、ポイントは
aspect という語の使われ方にあります。aspect は「側面」という意味。従っ
て後ろに「〜の」の of が続くと予想されます。

be動詞の進行形：be + being

　課題文3行目に If we're being ... という表現がありました。
一般に状態の動詞（ここでは be 動詞）は進行形にしないため、
不思議に思った人もいたのでは？　そもそも進行形は、It is
raining now. のように「〜しているところ」と「（今の）状態」、
言い換えれば「一時的な状態」を表します。従って、状態の動
詞でも「一時的な状態」を表すときには進行形を使います。例
えば、Tom is nice. は「トムはいい子だ」。これに対して、Tom
is being nice today because Santa Claus is coming to town. は「ト
ムは、今日はいい子にしている、というのもサンタが街にやっ
て来るから」。課題文の If we're being honest は「この際、正直
に言うならば」となります。

ここにもご注意！

4位 **or the popular music charts**　間違い率 **37%**
ミスの大半が or を all にした

5位 **authentic**　間違い率 **33%**
authentic を offensive、offend などにした

6位 **exhibitions**　間違い率 **32%**
ミスのほとんどが単数の exhibition に

7位 **their art**　間違い率 **30%**
a lot にしたミスが多く、他に alert や their lot なども

Week 2

4位　接続詞の聞き間違い

　この文の構造は don't look to A, or B, or C, or D。書く場合は、A, B, C or D のように途中の or は省略。話すときは必ずしも省略しません。

5位　語彙の聞き間違い

　authentic という語になじみがなかったのでしょう。「偽の」を意味する false や fake の反対語です。

6位　複数形の s の聞き落とし

　exhibitions の語末の [z] がよく聞こえませんでした。exhibitions と複数形にすることで「（あちこちの、さまざまな）展示会」の意味に。

7位　代名詞と名詞の「連結」

　their art が「連結」して「ゼァラー（ト）」のように。artists が compromise （妥協する）→ 何に？と文脈をたどると their art を思い付いたでしょう。

アウトプットで耳を鍛える！

自分が聞き取れなかった文だけでもいいので声出ししてみましょう。

🔊 22 　　　　　□オーバーラッピング　□シャドーイング

Artists, particularly young, **❶aspiring** artists, have a choice to make: Will they aim for commercial success, or will they aim for purity of message? If we're being honest, once artists begin taking the commercial aspects **❷of their work** into consideration, then they have already made the choice to compromise **❸their art**.

They may still go on to make great art, **❹but it will** not be the expression of their single, unique voice. Rather, it will be the expression of the artist's voice plus the corrupting influence of money.

So, if it's authentic **❺art you're after**, don't look to Hollywood, or best-seller book lists, or widely promoted **❻exhibitions in exclusive** galleries, **❼or** the popular music charts. Look away from the mainstream.

発音アドバイス

❶ aspiring には第 2 音節に強勢があるので、語頭の a は弱く素早く発音し「ゥスパイアリン（グ）」のように。

❷ of their work をまるで 1 語のように。of から順に「弱・弱・強」で発音。

❸ their art の 2 語を連結させて「ゼアラー（ト）」のように。

❹ but it will を「バッティッウゥ」と一気に発音。

❺ art you're after を「アーチュアラフター」のように発音。

❻ exhibitions in exclusive の下線部を連結させて「エクセビションゼネクスクルーシヴ」のように。

❼ or はイギリス英語の発音だと「オー」（all と区別が難しい）。

トレーニング II

書き取ってみよう！

音声を聞いて、空欄に入る語句を書き取ってみましょう。正解はp. 157

🔊 **23**

1. The success of the project is now in the (　　　　　　) and your team.

2. We organized a meeting (　　　　　　) the upcoming projects.

3. The final exam can (　　　　　　) grade in the class.

4. Either our proposal will be accepted (　　　) theirs will.

5. Learning new skills (　　　　　　) in improving self-confidence.

Unit 9

冠詞のaとtheの聞き取りは日本人の代表的な弱点

あの雲、何に見える？

　子供のころ、友達と空を見上げて、雲が何に見えるかを言い合った経験はないでしょうか。見える形は人それぞれで、実は脳の働きと関係があるのだとか。

自信がある人は
ここを見ないで挑戦！

ヒント＆語注

- ■ lie on one's back ……………… あおむけに寝そべる
- ■ fluffy ……………………………… ふわふわした
- ■ have little to do with ~ …… ～とはほとんど関係ない
- ■ a piece of toast ……………… トースト1枚　※ toast は不加算名詞
- ■ tendency ……………………… 傾向、性質
- ■ process ……………………… ～（情報）を処理する
- ■ visual information …………… 視覚情報
- ■ infer …………………………… ～を推測する、～を類推する
- ■ come up with ~ ……………… ～を思い付く
- ■ reflection …………………… 反映、現れ
- ■ be unlikely to do …………… ～する可能性は低い、～しそうにない
- ■ reveal ………………………… ～を暴露する、～を明らかにする
- ■ meaningful ………………… 意味を持つ、意味深長な

音声を聞いて、書き取ってみてください。手順はp. 27

🔊 24

Seeing Images in Clouds

When you

People seem

But

Week 2

When you lie on your back and look up at those ⑤ fluffy clouds, what do you see? A dragon, a castle, an old man's face? The reason we see things in the clouds has little to do with what is actually up there but more to do with how the human brain works.

People seem to be able to find images anywhere — even in pieces of ⑦ toast! This tendency is connected to the way we process visual information. When we look at something, ❷ **our brains** search ⑥ our memories for anything that might look like that object.

But don't infer too much from ❸ **the images** you come up with. They are just ❶ **a reflection** of the things you tend to think about, and they are unlikely to reveal anything ④ deep and meaningful about your soul!

訳　　あおむけに寝転んで、ふわふわと浮かぶ雲を見上げたとき、どんなものに見えますか？ ドラゴン、お城、老人の顔？ 雲が何かに見える理由は、そこに実際に浮かんでいるものとはほとんど関係なく、むしろ人間の脳の働きに関係があります。

　　人間はどこにでもイメージを見いだすことができるようです——トースト（の焦げ）にさえも！ この傾向は、私たちの視覚情報の処理法と結び付いています。私たちが何かを見るとき、脳は記憶を検索してその物体に似ていそうなものを探します。

　　でも、思い浮かぶイメージからあまりあれこれ推測してはいけません。それらは、あなたが考えがちなものの一つが現れているというだけであって、魂の奥底の意味深な何かを明るみに出すというわけではないようです！

あなたの結果と比べてみよう
間違いランキング

1位　a reflection　間違い率 **62%**
a を抜かす、あるいは reflections と複数にした

2位　our brains　間違い率 **57%**
a brain にしたミスが大半。our を抜かしたミスも

3位　the images　間違い率 **49%**
ミスのほとんどが the を抜かした

解説　聞こえなくても「不特定」の可算名詞・単数には a を、
「特定」の名詞には the を

1位　冠詞との「連結」

　a reflection の a を抜かしたミスが多く、他に reflections と複数にした
ミスも。直前の just と a が「連結」し「ジャスタ」と発音されている
ため、a を聞き落としたのでしょう。また、reflections と複数にしたミ
スは、主語の they、あるいは直後の of the things からの影響でしょう。
a reflection of ~ で「~の一つの現れ」という意味で、ここでは可算名
詞でかつ単数になっています（「キホン知識」参照）。

2位　弱く発音される代名詞

　our brains を a brain としたミスが多く、他に our brain としたミスも
散見されました。音からは our も brains の語末の s も確認しにくいです
が、この文の前半（従属節）に When we look at ... と we が聞こえます。
このことから主節の主語は「私たちの脳」であり our brains だろうと

101

予測できます。

3位 弱くなるthe

... from the images you come up with（思い浮かぶそのイメージから）の the
はかすかにしか発音されていませんが、from と images の間には確かに
何らかの音が聞こえます。images の後に「どういうイメージ」かが関
係代名詞節 you come up with で限定（特定）されています（関係代名詞
that が省略されている）。したがって、ここでは the images とするのが正解。

「不特定」のaと「特定」のthe

　ディクテーションの効用の一つは、「不特定」と「特定」を
文脈から判断する訓練にあると言えます。冠詞の大原則は、「特
定」の名詞には the を、「不特定」の可算名詞・単数には a を、
複数と不可算名詞では無冠詞（a も the もつけない）ということです。
しかし、「不特定」か「特定」かを見極めるのは容易ではあり
ません。最も基本的な解決法としては、a については、間違い
ランキング1位にあるように「一つの」を和訳に入れて、文脈
から自然かどうかを検証してみることです。同様に、the につ
いても3位にあるように「その」を加えてチェックしてみる。ディ
クテーションやリーディングを重ねながら少しずつ冠詞の感覚
を養いましょう。

ここにもご注意！

4位	**deep and meaningful** **and を in にしたり、抜かしたりした**	間違い率 **39%**
5位	**fluffy** **flappy や floppy にした**	間違い率 **32%**
6位	**our memories** **on memories や a memory にした**	間違い率 **31%**
7位	**toast** **toast を複数の toasts にした**	間違い率 **23%**

Week 2

4位 接続詞 and の聞き間違い

　and は弱く発音されると [ən]、つまり、[d] がほとんど聞こえなくなり、in と同じような音に。意味を考えれば deep と meaningful をつなぐ and。

5位 語彙

　fluffy は、課題文の clouds（雲）や、cat、dog など動物の毛や、towel など「ふわふわ、もこもこした」ものに使われる形容詞です。

6位 弱く発音される代名詞

　2位と連動したミスが多発。この文は When we look at ... で始まっています。この we からのつながりで考えればミスは回避できたでしょう。

7位 不可算名詞、語末の [t] の発音

　toast を強く発音しているため、語末の [t] が「破裂」して「ツ」のように聞こえます。

アウトプットで耳を鍛える！

自分が聞き取れなかった文だけでもいいので声出ししてみましょう。

🔊 24

□オーバーラッピング　□シャドーイング

When you lie on your back and look up at those **❶fluffy** clouds, what do you see? A dragon, a castle, an old man's face? The reason we see things in the clouds has little to do with what is actually up there but more to do with how the human brain works.

People seem to be able to find images anywhere — even in pieces of **❷toast**! This tendency is connected to the way we process visual information. When we look at something, **❸our brains** search **❹our memories** for anything that might look like that object.

But don't infer too much **❺from the images** you come up with. They are **❻just a** reflection of the things you tend to think about, and they are unlikely to reveal anything **❼deep and** meaningful about your soul!

発音アドバイス

❶ fluffy [flʌ́fi] の [ʌ] は「ア」に「オ」を加味した音。「あっ、そうだ」というときの「アッ」。

❷ カタカナ語には要注意。toast は「トースト」ではなく「トウス (ト)」。

❸ our の発音はほとんど弱形で [ɑː(r)]（強形では [auə(r)]）。our brains は「アーブレインズ」。

❹ our memories の our も上の❸と同じ。our memories は「アーメモリーズ」。

❺ from the images をまるで1語のように。from から順に「弱・極弱・強」で発音。from と images の谷間の the は「極弱」で、素早く「ディ」と。

❻ just a は「ジャスタ」と連結させる。

❼ deep and の and は「エン」。前の deep と連結させて「ディーペン」と発音。

聞き取ってみよう！

音声を聞いて、(　)内の正しい方を選びましょう。解答はp. 157

Week 2

🔊 25

1. (A / Our) strong efforts resulted in (a / our) remarkable

   achievement. Faced with challenges, (a / our) refreshing

   spirit powered (a / our) resolve.

2. (A / Our) rabbit and (a / our) rooster are our farm pets.

   (A / Our) routine involves feeding and caring for them.

ほとんど聞こえない助動詞の短縮形を聞き取るには？

書き取る英文のテーマ

誰と話していたの？

　道を歩いていて、周りに誰もいないのに大きな声で話している人を見かけることが当たり前になりました。そう、スマホで話しているんですよね。でも、通話しているとは限りません。語学学習アプリとかもありますし。

自信がある人は
ここを見ないで挑戦！

ヒント＆語注

- hear from ~ ……………………… ～（人）から連絡［手紙・電話など］がある
- mobile ………………………… 携帯電話　※= mobile phone
- then ……………………………… じゃあ、では、ということは　※通例文頭・文末で、直前の相手の発話などから推論したことを述べるときに用いる
- in fact ………………………… それどころか、むしろ
- could've sworn (that) ~ …… 間違いなく～だったと思う、確かに～したはずだ　※ could've = could have。sworn は swear（～だと断言する）の過去分詞
- speak ~ to oneself ………… 独り言で～を話す
- sort of ………………………… ある意味で、幾分、そのような
- app ……………………………… アプリ　※ = application
- bueno ………………………… ※「良い」という意味のスペイン語

106

音声を聞いて、書き取ってみてください。手順はp. 27

手順はp. 27

🔊 26

Who is he talking to?

Woman: I thought

Man: No, it's

M: Oh, yes,

さあ、答え合わせ！

あなたの書き取りと照らし合わせて間違えた箇所をチェック！

Woman: I thought I could hear Alex's [6] voice in here just now.

Man: No, it's just me. I haven't [7] heard from Alex for weeks.

W: That wasn't **2** her you were talking to on your mobile just now, then?

M: No, I wasn't talking to anyone. In fact, I haven't talked to anyone [5] on the phone for years.

W: But you were talking to someone, weren't you? I **3** could've sworn I heard you talking.

M: Oh, yes, I was talking. But if **1** you'd listened carefully, you'd have heard I was speaking Spanish.

W: What! You were speaking Spanish to yourself?

M: Yes. Well, sort of. Look, I was using this great new language-learning [4] app on my phone.

W: Ah, "bueno"!

M: Huh?

訳

女性：今ここでアレックスの声が聞こえたかと思ったんだけど。

男性：いや、僕しかいないよ。アレックスからは何週間も連絡がない。

女性：じゃあ、今あなたが携帯電話で話していた相手は彼女じゃなかったのね？

男性：うん、僕は誰とも話していなかった。それどころか、この電話で誰かと話したことなんて、もう何年もないよ。

女性：でもあなた、誰かと話していたわよね？ あなたが話しているのが聞こえたのは確かなのよ。

男性：ああ、そう、話してはいたよ。でも、もし注意深く聞いていたら、僕がスペイン語を話しているのが聞こえていたはずだけど。

女性：何ですって！ あなた、スペイン語で独り言をしゃべっていたの？

男性：そう。っていうか、それに近い。見て、スマホに入れた、このよくできた新しい語学学習アプリを使っていたんだよ。

女性：ああ、「ブエノ」！

男性：は？

あなたの結果と比べてみよう
間違いランキング

1位 you'd 間違い率 **86%**
ミスのほとんどが 'd を抜かして you だけにした

2位 her 間違い率 **74%**
tell にしたり、抜かしたりした

3位 could've 間違い率 **57%**
ミスのほとんどが 've を抜かし could だけにした

解説 聞き取り困難な仮定法の had や have の短縮形は
文法と文脈に頼るべし

1位 弱く発音される助動詞hadの短縮形（仮定法過去完了）

　8割を超える人が you'd listened を you listen としました。たしかに、'd や -ed ははっきり聞こえません。ほんのかすかに息がせき止められているのが感じられるだけです。ただ、ここは if 節であり、その後（帰結節）を聞くと you'd have heard、つまり「主語 + would + have + 過去分詞」となっています。このことから仮定法過去完了だと気付ければ、if 節の中も過去完了（you had listened）に違いないと推測できます（「キホン知識」参照）。

2位 弱くなる代名詞と「連結」

　her を tell にしたミスが多発。wasn't her you の下線部が「連結」して、「ターユー」のように聞こえたのを tell you としたのでしょう。ここはおなじみの It is ~ that ... という強調構文なのですが、It の代わりに That が使われています。また、It is ~ の後の that が略されています。

Alex（男女に使われる名前）が男性か女性かのヒントがここの her 以外にないのも、内容理解を難しくしていました。

3位　弱く発音される助動詞haveの短縮形（仮定法過去完了）

　could've を could などにしたミスが。これも仮定法過去完了の表現です。I swear ~（~だと断言する／確かに~だと思う）は見たり聞いたりしたことがあるかと思います。これを仮定法過去完了にしたのが I could have sworn ~（間違いなく~だったと思う）です（「キホン知識」参照）。could や have などの助動詞の短縮形はごく弱く発音されるので、音声のみに頼るのは難しいですね。

キホン知識：文法

仮定法過去完了＝「あのとき」の仮定

　仮定法に苦手意識を持つ人は少なくないでしょう。しかし会話では、「仮の話」は頻繁に登場します。仮定法過去が「仮に今」という仮定なのに対して、仮定法過去完了は「仮にあのとき」といった過去に対する仮定です。間違いランキング1位を含む If you'd（= you had）listened carefully は、「仮にあのとき（さっき聞いたときに）注意深く聞いていたら」という意味です。間違いランキング3位を含む I could've sworn ~ も、「あのとき（さっき聞いたとき）~だったと断言できただろう」、つまり「確かに~だったと思ったんだけど」となります。

ここにもご注意！

4位 **app**
upやoutにした
間違い率 **33%**

5位 **on the phone**
theをa にしたり、抜かしたりした
間違い率 **31%**

6位 **voice in here**
voice here やvoicing here などにした
間違い率 **24%**

7位 **heard from**
from を抜かしたり、from を to や for にした
間違い率 **22%**

Week 2

4位 単語の省略形

日本語では「アプリ」なので間違いやすいですね。カタカナ語の英語での言い方を再確認してください。

5位 冠詞の聞き間違い

the の弱い音に慣れましょう。「電話」は通常「（家・オフィスの）電話」で「特定」であるため定冠詞 the を付けます。

6位 前置詞の聞き落としと「連結」

in は比較的よく聞こえるが、here は副詞なので in は不要、と判断した人も？　実は here にはこの例（in here）のような名詞の用法もあります。

7位 イディオム

I haven't heard from が一気に発音されているので、このイディオムになじみがないと耳がついていきません。

アウトプットで耳を鍛える！

自分が聞き取れなかった文だけでもいいので声出ししてみましょう。

🔊 **26**

□オーバーラッピング　□シャドーイング

Woman: I thought I could hear Alex's voice ❶**in here** just now.

Man: No, it's just me. I haven't ❷**heard from Alex** for weeks.

W: That ❸**wasn't her** you were talking to on your mobile just now, then?

M: No, I wasn't talking to anyone. In fact, I haven't talked to anyone ❹**on the phone** for years.

W: But you were talking to someone, weren't you? I ❺**could've** sworn I heard you talking.

M: Oh, yes, I was talking. But if ❻**you'd** listened carefully, you'd have heard I was speaking Spanish.

W: What! You were speaking Spanish to yourself?

M: Yes. Well, sort of. Look, I was using this great new language-learning ❼**app** on my phone.

W: Ah, "bueno"!

M: Huh?

発音アドバイス

❶ in here をまるで 1 語であるかのように発音。in は軽く、here をしっかりと。

❷ heard from Alex をまるで 1 語であるかのように発音。heard と Alex を強く、谷間の from は弱く素早く。

❸ wasn't her は her の [h] が弱い音(風の音)で「ワズンター」のように発音。

❹ on the phone をまるで 1 語のように。on から順に「弱・極弱・強」で発音。

on と phone の谷間の the は存在感を弱める感じで。

❺ could've は素早く「クドゥヴ」のように発音し、後続の sworn になめらかにつなぐ。

❻ you'd listen は you のあと [d] で息をせき止めて「ユーッリッスン」のように。

❼ app [æp] は「アップ」ではなく「エップ」と言うくらいで OK。

トレーニング II

書き取ってみよう！

音声を聞いて、空欄に入る語句を書き取ってみましょう。答えはp. 157

🔊 27

1. Luck was on my side, or I (　　　　　　　　　　　)

   worst outcome.

2. Her performance in the play was outstanding;

   (　　　　　　　　　　　) won awards.

3. Without proper preparation, (　　　　　　　　　　)

   challenging exam.

4. (　　　　　　　　　　　) great time at the party,

   but we chose not to go.

Week 3

Unit 11

単語の弱く発音される
箇所にご用心

書き取る英文のテーマ

墓地の中を歩いてみれば

　変わった場所が好きな人っていますよね。狭い押し入れの中とか、足がすくむような高いところとか。今回の英文の主人公の場合は墓地。確かに、きれいに整備された公園のような墓地なら抵抗なく訪れることはできますが……。

自信がある人は
ここを見ないで挑戦！

ヒント＆語注

- **graveyard** ……………… 墓地
- **comforting** …………… 気持ちが安らぐ、慰めになる
- **cemetery** ……………… 共同墓地
- **creaky** ………………… キーキー音を立てた、きしんだ
- **wander** ………………… さまよい歩く、歩き回る
- **winding** ………………… 曲がりくねった　※発音は [wáindiŋ]
- **tree-shrouded** ………… 木に覆われた　※ shroud は「〜を覆う」
- **reflect off ~** …………… 〜に反射する
- **tombstone** ……………… 墓石
- **draw ~ to ...** …………… 〜（人・注意・関心など）を…に引き寄せる
- **inscribe** ………………… 〜（名前・言葉など）を〈石碑などに〉刻む
- **reward** ………………… 〜に報いる、〜に見返りを与える

音声を聞いて、書き取ってみてください。手順はp. 27

🔊 **28**

Visiting a Graveyard

You might

After

I am

Week 3

さあ、答え合わせ！

あなたの書き取りと照らし合わせて間違えた箇所をチェック！

You might think I'm strange, but I love to explore old graveyards. To me, they are some of the most peaceful, comforting places on this planet.

After opening a cemetery's [7] creaky gate, I wander down the winding, tree-shrouded path to the oldest section. Sunlight reflects off some of the tombstones, [6] drawing me to them like a magnet. I read out the names and dates **1** inscribed on the stones and try to imagine who these people were and what their lives had been like.

I am [5] rewarded with **3** a sense of history and [4] a reminder of the rhythm of life. I start to wonder if anyone now remembers these **2** souls. And then I think, "Well, in a way, someone is doing just that. ... Me."

> 訳
>
> 　変わっていると思われるかもしれないけれど、私は古い墓地を探索するのがとても好きです。私にとって、そこは地球上で最も平和で心落ち着く場所の一つに数えられます。
>
> 　墓地のきしむ門を開けてから、私は曲がりくねって木々に覆われた小道に沿って、最も古い区域までぶらぶら歩きます。幾つかの墓石に日の光が反射し、磁石のように私を引き寄せます。私は墓石に彫られた名前と日付を読み上げて、この人たちがどんな人でどんな人生だったのか想像してみます。
>
> 　そうしていると、歴史を感じ、人生のリズムに改めて思いを巡らすことができます。この人たちの魂を今、思い起こす人はいるのだろうかと、私は考え始めます。そして思うのです、「まあ、ある意味、まさにそれをしている者がいる。……私だ」と。

あなたの結果と比べてみよう
間違いランキング

1位 **inscribed**　　間違い率 **53%**
ミスの多くが described とした

2位 **souls**　　間違い率 **50%**
ミスのほとんどが source にした

2位 **a sense**　　間違い率 **47%**
a を the に、あるいは a を抜かした

解説 強勢が第2音節にある単語は
第1音節が弱く発音されるので聞き間違いに注意

1位 発音・意味の似た語との聞き間違い

　inscribed を described とした惜しいミスが。強勢が第2音節にあるため、語頭がはっきり聞こえず、なじみのある described と聞き間違えてしまったのでしょう。意味的にも語根 scribe が共通しており通じそうです。inscribe は「(板や石などに文字を) 刻み込む」という意味。後ろの on the stone がヒントです。難易度の高い語ですが、語源を見るとすぐに覚えられます (「キホン知識」参照)。

2位 「ダークL」

　souls を source、thoughts などにしたミスが続出。「墓地」や「魂」の話を読んだり聞いたりすることがあまりないので、souls を思い付かなくても仕方がありません。おまけに、souls の発音が「ソウルズ」ではなく、「ソウッス」のように聞こえます。これは「ダークL」と言われる「ゥ」

に近い |l| の発音のためです。

3位 冠詞

a sense を the sense にしたミスが多く、また、a を聞き落としたりしたミスも。文脈から何か特定の「歴史の感覚」を意味しているとは思われないので the は不自然です。名詞の後に of ~ が続くだけで「特定」と考えるのは安易な判断です。例えば、He is __ teacher at my school. という文で、学校には何人も先生がいてそのうちの 1 人という場合は、下線部には a が入ります。

キホン知識：語彙

難易度の高い語は語源で

難易度の高い語は抽象的なものが多く、覚えるのが容易ではありません。そんなときの助っ人が語源です。間違いランキング 1 位の inscribe には多くの人がなじんでなかったようです。inscribe は「（板や石などに文字を）刻み込む」という意味です。ちょっと語源をのぞいてみると in + scribe (write)、つまり write in（書き込む）ということ。覚えやすいですね。多くの人が聞き間違えた describe は de (down) + scribe (write) で write down。ついでに医者が書いてくれる薬の「処方箋」は prescribe。pre (before) + scribe (write) で「（何を飲めばよいか）前もって指示するもの」。Web 上にも語源辞典（例えば、Online Etymology Dictionary）があります。覚えにくそうな難語が出てきたら調べてみてください。

ここにもご注意！

| 4位 | **a reminder**
ミスの大半がaを抜かした | 間違い率 **44%** |

| 5位 | **rewarded**
awardedにしたミスが多数 | 間違い率 **42%** |

| 5位 | **drawing**
dryingやdrivingなどにした | 間違い率 **41%** |

| 7位 | **creaky**
clikyやsqueakyとした | 間違い率 **31%** |

Week 3

4位　可算名詞に付ける冠詞の「連結」

　a reminder の a を落とすミス。直前の and と a が「連結」して「アナ」と聞こえたのがミスの原因でしょう。reminder は可算名詞です。

5位　発音の似た語との聞き間違い

　rewarded は第2音節に強勢があるため、語頭の re- が弱くなり、このため rewarded を awarded にするミスを誘ったのでしょう。

6位　発音の似た語との聞き間違い

　後ろに like a magnet（磁石のように）とあるのが大きなヒントです。磁石のように私を draw（引き寄せる）。

7位　発音の似た語との聞き間違い

　「キーときしむ」音を表すときは、この語や squeaky（キーキーときしむ）を使います。

アウトプットで耳を鍛える！

自分が聞き取れなかった文だけでもいいので声出ししてみましょう。

🔊 **28**

□オーバーラッピング　　□シャドーイング

　You might think I'm strange, but I love to explore old graveyards. To me, they are some of the most peaceful, comforting places on this planet.

　After opening a cemetery's **❶creaky** gate, I wander down the winding, tree-shrouded path to the oldest section. Sunlight reflects off some of the tombstones, **❷drawing** me to them like a magnet. I read out the names and dates **❸inscribed** on the stones and try to imagine who these people were and what their lives had been like.

　I am **❹rewarded** **❺with a sense** of history **❻and a reminder** of the rhythm of life. I start to wonder if anyone now remembers these **❼souls**. And then I think, "Well, in a way, someone is doing just that. ... Me."

発音アドバイス

❶ creaky の [riː] は「ウ」を発音する口の形で始めて「リー」と発音。

❷ drawing の [rɔː] は「ウ」を発音する口の形で始めて「ロー」と発音。

❸ inscribed の [rai] は「ウ」を発音する口の形で始めて「ライ」と発音。

❹ rewarded の [ri] は「ウ」を発音する口の形で始めて「リ」と発音。

❺ with a を連結させて「ウィザ」と発音し、後ろの sense につなげる。

❻ and a を連結させて「アナ」と発音し、後ろの reminder につなげる。

❼ souls の [l] は「ダーク L」。従って「ソウゥス」のように発音。

トレーニング II

書き取ってみよう！

音声を聞いて、空欄に入る語句を書き取ってみましょう。正解はp. 157

🔊 **29**

1. In uncertain situations, it's often best to go

   (　　　　　　　　　　) events.

2. The changes were made (　　　　　　　) improving

   overall customer satisfaction.

3. The books on the shelf are arranged neatly (　　　　)

   for easy access.

4. (　　　　　　　　) the opportunity to witness such a

   breathtaking sunset.

5. (　　　　　　　) the plants (　　　　　　　　) for

   the weekend?

6. The referee called a (　　　　) after the player's unfair

   (　　　　).

Unit 12

前置詞と冠詞や
接続詞と代名詞などの
「連結」に慣れる

書き取る英文のテーマ

「やりがい」あり！

　大学の専攻などの専門を生かした職に就けるなんて、ある意味理想ですよね。専門的な職種の説明には専門用語が付き物です。前後や文脈から判断しながら聞くのもいい訓練ですよ。

*自信がある人は
ここを見ないで挑戦！*

ヒント＆語注

■ job interview	就職面接
■ rewilding	再野生化
■ restore	〜を元に戻す、〜を修復する
■ wild state	野生（未開）状態
■ conservational	保護の、保全の
■ unspoiled	損なわれていない、自然のままの
■ qualified	資格のある、適任の
■ specialize in 〜	〜を専門とする、〜を専攻する
■ conservation biology	保全生物学
■ reintroduction	（動植物を）元の生息地に戻すこと、再導入
■ mammal	哺乳動物、哺乳類
■ bison	バイソン、野牛
■ ranger	森林保護官

書き取ってみよう！

音声を聞いて、書き取ってみてください。手順はp. 27

 30

A Fascinating Job

I'm attending

If I

However,

I'm attending a job interview this afternoon, and **2 you'll** never guess what the job is. It's related to a rewilding project that's being started here in the U.K. Rewilding means restoring a natural area to its wild **2 state** again for conservational purposes.

If I get the job, I'll be working outside **1 in a** gradually more unspoiled area of forest. I'm qualified because my degree is in ecology ⌐6⌐ and I specialized in conservation biology. Fortunately, I don't need experience working with animals.

However, an important part of the project is the reintroduction of ⌐6⌐ a mammal that hasn't lived in Britain for 6,000 years — the bison! Imagine how exciting ⌐4⌐ it would be to ⌐5⌐ go into work every day as a bison ranger.

訳

　私は今日の午後、就職面接を受けますが、その仕事はきっとあなたには見当が付かないものでしょう。それは、ここイギリスで始まろうとしている再野生化プロジェクトに関連したものです。再野生化とは、ある自然区域を保護目的で野生の状態に戻すことです。

　もしその仕事に就いたら屋外の、徐々に自然な姿を見せる森林区域で働くことになります。私の学位は生態学で、保全生物学を専攻したので、私は適任です。幸いなことに、動物と接する仕事の経験は必要ありません。

　ただし、プロジェクトの重要な部分の一つは、イギリスに6000年の間住んでいなかった哺乳動物を再導入することなのです——バイソンを！　どれだけわくわくするか想像してみてください、バイソンの保護官として毎日仕事をするなんて。

あなたの結果と比べてみよう
間違いランキング

1位 **in a**　　　　　　　　間違い率 **57%**
ミスの半数が and に、また in the、and a にした

2位 **you'll**　　　　　　　　間違い率 **44%**
ミスのほとんどが you にした

2位 **state**　　　　　　　　間違い率 **44%**
ほとんどが states にした

解説 動詞の意味を捉えれば、
それに続く部分はある程度予測可能

1位 前置詞と冠詞の「連結」

in a gradually を and gradually や in the gradually、and a gradually など
にしたミスが。in が前後と「連結」して、outside in a が「アウトサィディ
ナ」のように聞こえます。動詞 work（働く）から後ろの area との関係を
考えてみましょう。in でつなげば work in ~ area（~区域で働く）で自然です。
また、area（区域）は可算名詞です。ここでは gradually more unspoiled
area には「特定」性がないため冠詞は a になります。

2位 will の短縮形の「ダークL」

ミスのほとんどが you'll を you にしたもの。you にしてはちょっと長
いような感じがしませんか？　「ユーゥ」のように聞こえます。you'll
は発音記号で示すと [ju:l] ですが、最後の |l| は「ウ」のような発音「ダー
ク L」です（Unit 5 の「キホン知識」参照）。意味からしても「あなたには見

当がつかないでしょう」が自然ですね。

2位 語末の破裂音

　語末が破裂音の [t] なので、「ステイツ」のようにも聞こえますが、複数 states では意味的には変です。動名詞 restoring の元になっている動詞 restore の意味を考えてみましょう。restore（戻す）の意味から、後ろに「何を」と「何に」が来ると予測できます。「何を」には a natural area が言われています。単数です。「何に」の部分が to its wild state（その野生の状態に）です。ここも単数であるべきですよね。

キホン知識：文法

will be ~ing（〜することになっている）

　課題文中の 4 つ目の文に I'll be working outside ... があります。未来進行形の will be ~ing です。これには次の 2 つの用法があります。

　1）未来のある時点で進行していることを「〜しているでしょう」と表すもの。

　　例：I will be flying this time tomorrow.

　　　（明日の今頃は飛行機に乗っているでしょう）

　2）未来の予定を「〜することになっています」と表現するもの。

　　例：I'll be seeing him at the airport.

　　　（私は彼と空港で会うことになっています）

　課題文中の 4 つ目の文は 2）の用法です。未来進行形は、会話などでは 2）の用法で使われることが圧倒的に多いことを覚えておきましょう。

ここにもご注意！

4位　**it would**　間違い率 **41%**
itを抜かして would や will にした

5位　**go into work**　間違い率 **32%**
ミスのほとんどは be going to work にした

6位　**and I**　間違い率 **28%**
I または and を抜かした

6位　**a mammal that**　間違い率 **28%**
the mammal that や mammoth (that) にした

4位　形式主語のit

　exciting と would の間にかすかに it が聞こえます。この it は後ろの不定詞（to go into ...）を代表する形式主語です。

5位　句動詞の「連結」

　go into が「連結」して going to に聞こえたのでしょう。go の直前の to が弱いので、be going to だと思い込んだのかもしれません。

6位　接続詞と代名詞の「連結」

　直前の and と I が「連結」して「ァンダィ」のように聞こえます。I がないと主語が不在になり、and がないと I 以下の節が接続されません。

6位　mammal（哺乳動物）：語彙

　ここでは mammal は初出で、また「特定」性がないので the ではなく a mammal が正解。mammal を mammoth としたミスも。

Week 3

アウトプットで耳を鍛える！

自分が聞き取れなかった文だけでもいいので声出ししてみましょう。

🔊 30

□オーバーラッピング　□シャドーイング

I'm attending a job interview this afternoon, and **❶you'll** never guess what the job is. It's related to a rewilding project that's being started here in the U.K. Rewilding means restoring a natural area to its wild **❷state again** for conservational purposes.

If I get the job, I'll be working outside **❸in a** gradually more unspoiled area of forest. I'm qualified because my degree is in ecology **❹and I** specialized in conservation biology. Fortunately, I don't need experience working with animals.

However, an important part of the project is the reintroduction of a **❺mammal** that hasn't lived in Britain for 6,000 years — the bison! Imagine how **❻exciting it would be** to **❼go into work** every day as a bison ranger.

発音アドバイス

❶ you'll の [l] は「ダーク L」なので「ウ」に近い音。従って「ユーゥ」のように。

❷ state again の 2 語を連結させて「ステイタゲン」のように。

❸ in a の 2 語を連結させて「イナ」のように発音。

❹ and I の 2 語を連結させて「ァンダィ」のように。

❺ mammal の [l] は「ダーク L」。従って「マムゥ」のように発音。

❻ exciting it を「エクサイティンギッ（ト）」のように連結させて、その後に would be を続ける。

❼ go into work をまるで 1 語のように。go から順に「強・弱・強」で発音。go と work の谷間の into は弱く素早く。

聞き取ってみよう！

音声を聞いて、（　）内の正しい方を選びましょう。正解はp. 157

🔊 31

1. In (the / a) world where most companies are desperate to grow, we want to stay exactly as we are.

2. Start working (the / a) minute you receive the task to manage your time effectively.

3. With a closed mind, (you / you'll) never experience life's diverse beauty.

4. (You / You'll) never cease to amaze me!

5. Speak up because (you / you'll) never know the impact your words may have.

Week 3

Unit 13

不定冠詞の聞き取りは
文意の理解を
左右する

書き取る英文のテーマ

オクターブには何音ある？

　ドレミの西洋音階に親しんでいる日本人には、それ以外の音階があることはあまり想像がつかないかもしれません。音楽が苦手な人にはなじみのない語彙も登場するかも？

自信がある人は
ここを見ないで挑戦！

ヒント＆語注

- **note** ⋯⋯⋯⋯⋯⋯⋯ 音符、（音符で表される）音
- **octave** ⋯⋯⋯⋯⋯⋯ オクターブ
- **scale** ⋯⋯⋯⋯⋯⋯⋯ 音階
- **major scale** ⋯⋯⋯⋯ 長音階、長調
- **sharp** ⋯⋯⋯⋯⋯⋯⋯ シャープ　※半音上がった音
- **flat** ⋯⋯⋯⋯⋯⋯⋯⋯ フラット　※半音下がった音
- **be not the case** ⋯⋯ 事実ではない
- **microtonal** ⋯⋯⋯⋯ 微分音の
- **you might want to do** ⋯⋯ 〜してはいかがでしょうか　※相手の意向を尊重しながら提案する表現
- **composer** ⋯⋯⋯⋯⋯ 作曲家
- **Harry Partch** ⋯⋯⋯ ハリー・パーチ　※アメリカの現代音楽の作曲家（1901-74）

音声を聞いて、書き取ってみてください。手順はp. 27

🔊 32　　**How Many Notes Does an Octave Have?**

How many

But

Search

How many notes are there in a musical ⑥ octave? I imagine many people might **3 sing** the do-re-mi scale to themselves and conclude that the answer is eight. Well, that ⑤ scale just happens to be the familiar major scale from Western music. It doesn't even include ⑥ the sharp and flat notes in the octave, which brings the total up to 12.

But who decided this should be the standard amount? It's certainly not the case in South Asian music theory, which identifies 22 tones **1 in an** octave. This so-called microtonal music opens up **2 a world** of new musical possibilities.

Search "microtonal music" online and be amazed. As a fun exercise, you might want to try singing the ④ 20th century American composer Harry Partch's 43-tone octave.

訳　　音楽の 1 オクターブには音が幾つあるでしょう？　想像するに、多くの人はドレミの音階を自分で歌ってみて、答えが 8 だと結論付けるかもしれません。実は、その音階は、たまたまよく知られている西洋音楽の長音階にすぎません。そこにはオクターブ中のシャープやフラットの音も入っておらず、それを入れると合計が 12 になります。

でも、これが標準の総数であるべきだと誰が決めたのでしょう？　南アジアの音楽理論がそうなっていないのは確実で、そこでは 1 オクターブの中に 22 の音を識別します。この、いわゆる微分音音楽は、新しい音楽の可能性の世界を開きます。

ネットで「微分音音楽」を検索して驚いてください。面白い実践として、20 世紀のアメリカの作曲家ハリー・パーチによる 43 音のオクターブを歌ってみるのもいいかもしれません。

あなたの結果と比べてみよう
間違いランキング

1位 **in an**　　間違い率 **58%**
in the にした、あるいは an を抜かした

2位 **a world**　　間違い率 **32%**
the world や world にした

3位 **sing**　　間違い率 **30%**
ミスのほとんどが think にした

解説　数にこだわる英語では、不定冠詞 a/an が重要な意味に。
one の意味になる a に注意

Week 3

1位　前置詞と冠詞の「連結」

　an を the にしたミスが多く、他に an を聞き落としたミスなどがあり
ました。in an octave は、an が前後と「連結」して「イナナークティヴ」
のように聞こえます。ここでは「1 オクターブの中に」と推測すれば、「1」
→ an と正解が導けます。「桃栗 3 年、冠詞 8 年」などと揶揄されますが、
不定冠詞（a/an）か、定冠詞（the）か、無冠詞かの選択はやっかいですね。

2位　冠詞の聞き間違いと聞き落とし

　a を the にしたミスが多く、また a を聞き落としたミスも。world は
「（私たちが住む地球の）世界」という意味で使われることが多いですね。こ
の場合には the world ですが、world は他にいろいろな「世界（領域な
ど）」を表現するのにも使われます。ここでは a world of new musical
possibilities つまり「新しい音楽の可能性を思わせる（1 つの）世界」です。

135

3位 [s]と[θ]

　sing を think に し た ミ ス が 多 発。many people might think ~ to themselves で意味が通りそうですが、think の後（~）の部分が語法上不自然です。音声をよく聞くと、最初の [s] の摩擦する音が th [θ] よりも強く聞こえます。つまり、th [θ] ではなく s [s] だと判断できます。また、sing ~ to oneself で「~（歌）を口ずさむ」という表現があります。これらのことから sing と結論付けられます。

カタカナ語の発音

　カタカナでなじんでいる外来語が、英語で発音されるとカタカナの音とは大きく異なることがときどきあります。考えてみれば外来語がみな英語に由来しているわけではないので当然のことです。間違いランキング 1 位に関連し、6 位にも出てくる octave [ɑ́(ː)ktiv] もその一つ。octave を active [ǽktiv] などとしたミスが 19% ほどありました。フランス語の octave（綴りは英語と同じ）の発音は、「オクターブ」に近いです。カタカナ語にはいつも注意が必要ですね。英語圏以外の外国の地名や人名などにも気を付けましょう。

ここにもご注意！

4位	**20th/twentieth** ミスの半分が 20 にした	間違い率 **24%**
5位	**scale** ミスのほとんどは skill(s) にした	間違い率 **22%**
6位	**octave** active、inactive、archive などにした	間違い率 **19%**
6位	**the sharp** the を抜かした	間違い率 **19%**

Week 3

4位 数詞（序数詞）

20 と century の間に「エス」がかすかに聞こえます。発音は [twéntiəθ]。

5位 語彙の聞き間違い

　発音はやや似ていますが、skill(s) では意味がしっくりこない。最初の do-re-mi scale から「音階」を推測してほしかったですね。

6位 カタカナ発音

　3 カ所に出てきますが、「オクターブ」で親しんでいるものを「アークティヴ」と一致させるのは難しいですね。カタカナ語には常に注意！

6位 冠詞 the の聞き逃し

　文脈から「（西洋音階の 1 オクターブの中にある）シャープとフラット」という「特定」性があるため sharp and flat notes には定冠詞 the が必要。

アウトプットで耳を鍛える！

自分が聞き取れなかった文だけでもいいので声出ししてみましょう。

🔊 32

□オーバーラッピング　　□シャドーイング

How many notes are there in a musical **❶octave**? I imagine many people **❷might sing** the do-re-mi **❸scale** to themselves and conclude that the answer is eight. Well, that scale just happens to be the familiar major scale from Western music. It doesn't even include **❹the sharp and flat** notes in the octave, which brings the total up to 12.

But who decided this should be the standard amount? It's certainly not the case in South Asian music theory, which identifies 22 tones **❺in an octave**. This so-called microtonal music **❻opens up a** world of new musical possibilities.

Search "microtonal music" online and be amazed. As a fun exercise, you might want to try singing the **❼20th** century American composer Harry Partch's 43-tone octave.

発音アドバイス

❶ octave は「アークティヴ」のように発音。

❷ might sing の [t] はほぼ脱落させて「マイ（ト）スィング」と発音。

❸ scale はカタカナでは「スケール」だが、発音は [skéil]。語末の [l] は「ダークL」なので「スケィゥ」のように。

❹ the は弱く素早く「ダ」と言うつもりで sharp and flat の前に添える。

❺ in an octave の3語を連結させて「イナナークティヴ」のように発音。

❻ opens up a の3語を連結させて「オウプンザッパ」のように。

❼ 20th は「トゥウェンティエス」。

トレーニング II

書き取ってみよう！

音声を聞いて、空欄に入る語句を書き取ってみましょう。解答はp. 158

🔊 33

1. Technology is driving (　　　　　　　　) world of

   innovation and progress.

2. We walked along (　　　　　　　　) beach, feeling the

   soft sand beneath our feet.

3. Government programs aim to provide assistance during

   periods (　　　　　　　　).

4. She lives (　　　　　　) apartment; we often share

   meals and stories.

5. We (　　　　　　　　) to our house for extra space

   and comfort.

Week 3

Unit 14

andはくせ者！
はっきり発音されることは
ほとんどない

森は生きている

　樹木は、われわれ人間にとってかけがえのない癒しを与えてくれるもの。寿命は人間よりもはるかに長いものも多く、その生命の営みについてはまだ明らかになっていないこともあります。

自信がある人は
ここを見ないで挑戦！

ヒント＆語注

- **fascinating** ……………… 魅力的な、興味をそそる
- **living thing** ……………… 生物
- **Do you know what?** …… いいですか？、実はね。 ※ = You know what? 新しい情報などを伝える際、相手の気を引く表現
- **heartbeat** ………………… 鼓動、心拍
- **routinely** ………………… 日常的に、定期的に
- **pulsate** …………………… 鼓動する、拍動する
- **pulse** ……………………… 鼓動、脈拍、拍動
- **pump** ……………………… ～をポンプで押し出す
- **distribute** ………………… ～を配布する、～を行き渡らせる
- **make one's way** ………… 進む、前進する

音声を聞いて、書き取ってみてください。手順はp. 27

🔊 34

Trees Are Fascinating

Welcome

Trees have

I hope

Welcome to our tree park. You may not realize it, but trees are one of the most fascinating living things on this planet. And they are also among the oldest! Some trees can even ⑦ live for thousands of years.

❶ **And do you** know what? Trees have a kind of heartbeat. It's just so slow that we didn't even ⑥ notice it until recently. A study has shown that ④ while trees sleep at night, they routinely have beats pulsate through their bodies. These ⑤ pulses are actually the tree ❸ **pumping and** distributing water around its body, just like a heart pumps blood!

I hope this helps ❷ **to change** the way you see all our tall friends here as we make our way through the park.

訳

　私たちの森林公園へようこそ。お気付きでないかもしれませんが、樹木はこの惑星（地球）上で最も魅力的な生物の一つです。しかも、最古の生物の一つでもあります！　樹木の中には数千年も枯れないものもあります。

　さらに、ご存じでしょうか？　樹木には鼓動のようなものがあるのです。あまりにもゆっくりなので、最近まで私たちは気付いていませんでした。ある研究によって、木は夜に眠る間、定期的に拍動を体中に伝えていることが分かりました。こうした拍動は、実は木が水分を送り出して全身に行き渡らせているのです、ちょうど心臓が血液を送り出すように！

　公園内を進んでいく間、このことが皆さんの背の高い友人たちへの見方を変えてくれるとうれしいです。

あなたの結果と比べてみよう
間違いランキング

1位 ## And do you　　間違い率 **70%**
ミスの大半が do を抜かした

2位 ## to change　　間違い率 **58%**
the change(s)、change(s) にした

3位 ## pumping and　　間違い率 **52%**
ミスのほとんどが pumping in にした

解説　and は「アンド」とはっきり発音されることはない。
せいぜい「アン」（1位、3位）、時には「ン」くらい

1位 [d]の「脱落」

　書き取りとしてはミスですが、理解の点では問題ありません。Do you know what? は話を切り出す前置きで、「ご存じですか、あのですね」の意味でよく使われます。文頭の do は、くだけた会話では普通に省略されます。この知識がミスを誘ったのか、あるいは And do you の部分が「アンヂュー」に聞こえて、And you と捉えたことが原因でしょう。課題文では do を略さず丁寧な言い方をしています。

2位 弱く発音される 不定詞のto

　to を the にした、あるいは to を聞き落としたミスが多発。to が弱く発音されているのが原因でしょう。(the) change(s)（名詞）だとすると後ろの the way とつながらなくなり、文意が成立しません。help to ~（不定詞）は「～する助けになる」という表現。~ の部分に change があり、

143

直後の the way は change の目的語になります。ただ、help to ~ の to は
省略されることも多いです（「キホン知識」参照）。

3位 接続詞andの聞き間違い

　and は弱く発音されると [ən]、つまり、[d] がほとんど聞こえませ
ん。これが in との聞き間違いを誘ったのでしょう。「ちゃんと発音して
よ！」と思うかもしれませんが、私たちも日本語で「それで」を「で」
しか言わないことは普通にありますよね。意味を考えれば、pumping と
distributing を対のものとしてつなぐand だと納得できるでしょう。

キホン知識：文法

help to ~ のtoの省略

　「~する助けになる」の意味で使われる help to ~ ですが、to
がしばしば省略されます。課題文の I hope this helps to change
the way ... は I hope this helps change the way ... となることがあ
ります。change のように動詞としても名詞としても使える語の
場合には少し混乱しますね。同様に help △ to ~（△が~するのを
助ける）の場合にも to の省略は起こることがあります。例えば、
This app will help you correct your grammatical errors.（このアプリ
はあなたが文法上の誤りを修正するのを助けてくれるでしょう）。いずれの
パターンで話されても正しく理解できるように慣れ親しんでお
きましょう。

ここにもご注意！

4位	**while trees**	間違い率 **43%**
	while を well や our などにした	

5位	**pulses**	間違い率 **32%**
	pulsate(s) にした	

6位	**notice it**	間違い率 **31%**
	know this や notice にした	

7位	**live for**	間違い率 **24%**
	for を抜かす、あるいは for を through にした	

4位 接続詞の聞き間違い

that 節の中が「(?) S V ..., S V ...」となっていることから (?) の部分に接続詞が言われていると推測。音と文脈から while を導き出します。

5位 語彙の聞き間違い

pulse (脈拍、拍動) が複数で pulses [pʌ́lsiz] と言われています。この発音が pulsate (脈打つ、拍動する) に似ていたのでミスが生じたと思われます。

6位 「連結」

know this にしたミスも notice にしたミスも、it の存在に気付けなかった。原因は notice it が「連結」して「ノウティスィッ (ト)」のように。

7位 弱く発音される前置詞

Some trees <u>can even live for</u> thousands of years. の下線部が一気に発音され、最後の for が弱くなっているので聞き落としたのでしょう。

Week 3

145

アウトプットで耳を鍛える！

自分が聞き取れなかった文だけでもいいので声出ししてみましょう。

🔊 34　　　　　□オーバーラッピング　　□シャドーイング

Welcome to our tree park. You may not realize it, but trees are one of the most fascinating living things on this planet. And they are also among the oldest! Some trees can even live **❶for thousands of years**.

❷And do you know what? Trees have a kind of heartbeat. It's just so slow that we didn't even **❸notice it** until recently. A study has shown that **❹while** trees sleep at night, they routinely have beats pulsate through their bodies. These **❺pulses** are actually the tree **❻pumping and** distributing water around its body, just like a heart pumps blood!

I hope this helps **❼to change** the way you see all our tall friends here as we make our way through the park.

発音アドバイス

❶ for thousands of years を 1 語のように。for から順に「弱・強・極弱・強」で発音。前置詞の for と of は弱く、特に「強」の谷間の of は「極弱」で。

❷ And do you know の And は「アン」、これに続けて do you know を「ヂュノウ」のように一気に発音。

❸ notice it は 2 語を連結させて「ノウティスィッ（ト）」。下線部の [t] はほとんど呼気を止めるだけ。

❹ while の [l] は「ダーク L」なので「ウ」と発音し、全体は「ウァィゥ」のように。

❺ pulses の [l] も「ダーク L」。全体は「ポッセズ」のように発音する。

❻ pumping and は連結させて「パンピンゲン」のように。

❼ 不定詞 (to ~) は「~」が主役。軽く「ト」と言って、後ろの change をしっかり発音する。2 語の to change をまるで 1 語のように。

トレーニング II

書き取ってみよう！

音声を聞いて、空欄に入る語句を書き取ってみましょう。答えはp. 158

🔊 35

1. The vacation allowed me (　　　　　　) sleep

　(　　　　　　) missing.

2. She (　　　　　　) on her colleagues for assistance.

3. He (　　　　　　) for the company's parking lot.

4. The art collector (　　　　　　) with vibrant colors and abstract shapes.

5. I (　　　　　　) the delicious barbecue sauce I made.

Week 3

Unit 15

ごく弱く発音される 助動詞の短縮形は 文法・文脈で判断

書き取る英文のテーマ

続かなかったのはなぜ？

　習い事って、続かなかったり挫折したりして、後で思い返すと諦めず にやっておけばよかったと後悔するという経験は誰しもありますよね。 そんな気持ちを吐露したモノローグです。

自信がある人は ここを見ないで挑戦！

ヒント＆語注

- **would love to do** ……… ぜひ〜したい
- **embarrassing** ……… 気まずい、居心地の悪い
- **turn up** ……… 姿を見せる、（場所に）やって来る
- **no better than 〜** ……… 〜も同然だ、〜より少しも良くない
- **without fail** ……… 欠かすことなく、必ず
- **keep 〜 up** ……… 〜を維持する、〜を継続する
- **fatal** ……… 致命的な、重大な

音声を聞いて、書き取ってみてください。手順はp. 27

36

Practicing the Piano

I would

At first,

I promised

I would love to be able to play the piano. And that's why 10 years ago I bought myself an electric one.

At first, I began taking piano lessons, but without time between ⑤ lessons to practice, it became embarrassing — each week **2 I'd** turn up **3 and be** no better than ⑤ I'd been the week before. So I stopped wasting my money on lessons.

I promised myself that, instead, **1 I'd** practice every evening without fail, even if it was only for five minutes. I kept that up for at least a month. I can't remember why I stopped, but my fatal mistake was putting ④ the dust cover on it. ... Right, ⑦ I'm going to start again — right now!

訳 　私はぜひピアノを弾けるようになりたいのです。だからこそ 10 年前、電子ピアノを自分で買ったのです。
　最初、ピアノのレッスンを受け始めましたが、レッスンの合間に練習する時間がないため、気まずい状況になりました——毎週、出席はしても 1 週間前からちっとも上達していなかったのです。そこで私は、レッスンに無駄にお金をかけるのをやめました。
　その代わり、たとえ 5 分間だけであろうと、毎晩必ず練習すると自分に誓いました。少なくとも 1 カ月はそれを続けました。どうしてやめたのかは覚えていませんが、私の致命的なミスは、ほこりよけのカバーをピアノに掛けてしまったことです。……そう、もう一度始めることにします——今すぐに！

あなたの結果と比べてみよう
間違いランキング

1位 **I'd**
ミスのほとんどが 'd を抜かした
間違い率 **88%**

2位 **I'd**
ミスのほとんどが 'd を抜かした
間違い率 **69%**

3位 **and be**
I've been、and been、I'd be などのミス
間違い率 **45%**

Week 3

解説 ## ほとんど聞こえない would の短縮形 'd は
文法と文脈から判断する

1位 ### 弱く発音される助動詞 would（過去の意志）の短縮形

　約9割の人が間違え、大半は短縮形 'd を落としました。しかし、この文は I promised myself that（過去）で始まっているので、that 節の中が I practice と現在形になるのは変です。I will practice（練習するぞ）と意志を表す will が時制の一致で過去形の would になり、それが短縮されたと判断したいところです。

2位 ### 弱く発音される助動詞 would（過去の習慣）の短縮形

　1位同様、短縮形は弱く発音されるのでよく聞こえませんが、文脈から過去の話であることは明らか。続く turn が turned になっていない、and be と be 動詞が原形。このことから「I の後に助動詞がある！」と推測できます。I の前には each week があることから、「過去の習慣」を表す would の短縮形 'd だと判断（「キホン知識」参照）。また、短縮形の 'd

は had の可能性（5位参照）もあるので要注意です。

3位　前置詞とbe動詞の後の単語の音の影響

　2位と同じ文の中なので、2位でのミスがここでのミスにつながった可能性が考えられます。音は比較的はっきり「アンド・ビー」と聞こえるものの、直後の no の |n| に影響されて「ビーン」（been）と聞き取り、それなら主語が必要と考え and を I've にした人がいたのでしょう。この and be は and I'd be の I'd が省略されたもの。

「過去の習慣（回顧）」のwould

　助動詞 will の過去形 would は何かと出番が多いですね。最も頻繁に使われるのが仮定法過去の would で「（もし○○であれば）〜だろう」です。次が間違いランキング1位の「時制の一致」で使われる would。「（過去から見た）未来」と「（過去の）意志」を表します。2位の「過去の習慣（回顧）」を表す would 〜（〜したものだった）は、出番が比較的少ないためなじみも薄いようです。特徴は、often や always、every week など「繰り返し」の意味を含む副詞（句）や、when I was a child のような「昔の時」を表す副詞節を伴うことで、例えば、I would often go fishing when I was a child.（子供の頃はよく釣りに行ったものだ）のように使います。課題文では「繰り返し」の副詞句 each week を伴っていました。

ここにもご注意！

4位 the dust cover　　　　　　　　間違い率 **34%**
ミスの大半が the を a にした

5位 lessons to practice　　　　　間違い率 **29%**
lessons and practice が多かった

5位 I'd been　　　　　　　　　　間違い率 **29%**
ミスの約半数が I've been

7位 I'm going to　　　　　　　　間違い率 **25%**
I'm good to や I'm getting に

4位 冠詞の聞き間違い

　弱い音で判別が難しかったでしょうが、この話し手にとっては「（あの電子ピアノの）カバー」で「特定」されているので the。

5位 弱く発音される不定詞to

　time between lessons to practice のように time と to practice が離れているため修飾関係が分かりにくかったのでしょう。

5位 弱く発音される助動詞had（過去完了）の短縮形

　the week before（その前の週）から「過去の一時点よりもさらに過去」を指すので、than I had been ... と過去完了で表します。これの短縮形。

7位 be going toの聞き間違い

　縮約形の gonna に近い発音で聞き取りにくかったのかも。文脈を考えれば be going to ～（これから～します）。

アウトプットで耳を鍛える!

自分が聞き取れなかった文だけでもいいので声出ししてみましょう。

🔊 **36**

□オーバーラッピング　□シャドーイング

I would love to be able to play the piano. And that's why 10 years ago I bought myself an electric one.

At first, I began taking piano lessons, but without time between ❶**lessons to practice**, it became embarrassing — each week ❷**I'd turn up** ❸**and be** no better than ❹**I'd been** the week before. So I stopped wasting my money on lessons.

I promised myself that, instead, ❺**I'd** practice every evening without fail, even if it was only for five minutes. I kept that up for at least a month. I can't remember why I stopped, but my fatal mistake was putting ❻**the** dust cover on it. ... Right, ❼**I'm going to** start again — right now!

発音アドバイス

❶ lessons to practice を前から「強・弱・強」と発音。to はごく弱く「タ」くらいでもいい。

❷ I'd の 'd は I の発音後息をせき止める感じで。turn up は「ターナップ」のように。

❸ and の [d] は発音せず be につなげる。「アン・ビー」くらいでも。

❹ ❷ 同様、'd の部分で息をせき止める感じで発音。「アイッビーン」のように。

❺ ❷ ❹ 同様。

❻ 「ダ」くらいで素早く発音。

❼ 「アムゴゥインタ」くらいのつもりで一気に。

トレーニング II

書き取ってみよう！

音声を聞いて、空欄に入る語句を書き取ってみましょう。答えはp.158

🔊 37

1. I love my pets so much (　　　　　　　　　) for them.

2. I couldn't recall anything (　　　　　) me about the upcoming event.

3. I've never seen (　　　　　　　　) that teacher.

4. She said (　　　　　　) the world if she (　　　) the lottery.

5. I suggested that (　　　　　　　) team, but he wasn't interested.

トレーニングIIの解答・解説

Unit 1 (p. 39)

1. were excepted **2.** she'll like **3.** The résumé **4.** decided to / their room

Unit 2 (p. 47)

1. an unofficial **2.** faced unanticipated **3.** found an easy
4. an unnamed / and named **5.** in an ocean

2: unanticipated は「予期せぬ、不測の」。
4: unnamed は「名前のない」。

Unit 3 (p. 55)

1. doing it today **2.** he live as if **3.** a touch of herbs **4.** in the mood
5. we expected it to

2: この live は仮定法現在。「recommend ＋ that 節」の that 節内は、「主語＋ should
＋動詞の原形」となるが、should はしばしば省略される。

Unit 4 (p. 63)

1. decided to **2.** planned to **3.** stopped to **4.** agreed to **5.** want it to be

Unit 5 (p. 71)

1. worked his way **2.** travel bureau **3.** rarer items **4.** smaller to him

Unit 6 (p. 81)

1. Kate hinted at her **2.** healed her pain **3.** asked him / and his
4. restorer at **5.** sufferers experience

Unit 7 (p. 89)

1. An expected   **2.** Unawareness   **3.** and settled   **4.** in a

2: unawareness は、「気付いていないこと」。
3: 英文中の ponder は「じっくり考える」。

Unit 8 (p. 97)

1. hands of you   **2.** with a view to discussing   **3.** make or break your overall
4. or   **5.** can be of value

2: with a view to ~ は「~を目的として」
3: make or break ~ は、「~の運命を左右する、~の成否を握る」という意味の慣
用句。

Unit 9 (p. 105)

1. Our / a / a/ our
2. A / a / Our

Unit 10 (p. 113)

1. would've faced the   **2.** she could've   **3.** he would fail the
4. We would've had a

Unit 11 (p. 123)

1. with the flow of   **2.** with a view to   **3.** in a row   **4.** Few will have
5. Who'll water / while we're away   **6.** foul / tackle

Unit 12 (p. 131)

1. a   **2.** the   **3.** you'll   **4.** You   **5.** you

Unit 13 (p. 139)

1. an ever-changing   **2.** a never-ending   **3.** of unemployment
4. in a next-door   **5.** added an extension

Unit 14 (p. 147)

1. to have the / I'd been   **2.** got to call   **3.** needed a pass   **4.** wanted a work
5. forgot to bottle

2: call on ~ for ... は、「～に…を求める」という意味の慣用句。

Unit 15 (p. 155)

1. that I'd die   **2.** he'd told   **3.** you talk to   **4.** she'd travel / won   **5.** he join the

2: この 'd は had の短縮形。couldn't recall（思い出せなかった）よりさらに前のこと
   なので、過去完了で表す。
3:「see you ＋動詞の原形」で「あなたが～するのを見る」。
5: この join は仮定法現在。「suggest ＋ that 節」の that 節内は、「主語＋ should
   ＋動詞の原形」となるが、should はしばしば省略される。

松岡 昇（まつおか のぼる）

獨協大学講師。グローバル人材育成コンサルタント。アルクの通信講座「1000 時間ヒアリングマラソン」の主任コーチを務め、本書の元となった同講座の人気コーナー「ディクテーションコンテスト」を長年担当。日本人のリスニングの弱点を知り尽くしている。著書に『日本人は英語のここが聞き取れない』『続・日本人は英語のここが聞き取れない』『仕事英会話まるごとフレーズ』（共著）『桂三輝の英語落語』（以上、アルク）など多数。

最新版 日本人は英語のここが聞き取れない

発行日：2024 年 3 月 15 日（初版）

著　　　者	松岡 昇	
編　　　集	株式会社アルク 出版編集部	
校　　　正	廣友詞子／ Peter Branscombe ／ Margaret Stalker	

ブックデザイン　　山之口正和＋齋藤友貴（OKIKATA）
イ ラ ス ト　　　長野美里
ナレーション　　　Howard Colefield
録　　　音　　　　一般財団法人 英語教育協議会（ELEC）
Ｄ　Ｔ　Ｐ　　　　株式会社秀文社
印 刷 ・ 製 本　　シナノ印刷株式会社

発 行 者　　　　　天野智之
発 行 所　　　　　株式会社アルク
　　　　　　　　　〒 102-0073　東京都千代田区九段北 4-2-6 市ヶ谷ビル
Ｗ ebsite　　　　https://www.alc.co.jp/

地球人ネットワークを創る

アルクのシンボル
「地球人マーク」です。